陳荊和著作導讀

東南亞史 與 華僑研究

周佳榮　著

陳荊和教授

《嗣德聖製字學解義歌譯註》書影

《阮述〈往津日記〉》書影

《校合本·大越史記全書》書影

《十六世紀之菲律賓華僑》中英文版書影

「東南亞史料專刊」書影

「東南亞研究專刊」書影之一

「東南亞研究專刊」書影之二

目錄

序

師門從學記

　　1970 年代初，我在香港中文大學新亞書院歷史系就讀時，修習了陳荊和教授講授的「日本史」，並開始研讀陳教授撰著的一些專書和論文，對東南亞華僑史有初步的認識，進而涉獵中外交通史，尤其是中國與日本、朝鮮、越南幾個東亞國家的關係。

　　升讀研究院時，「日本史研究」主要是選讀英文和日文的日本史著作；另一個科目，是王德昭教授任教的「中國近代史研究」。在廣島大學期間，對東南亞史的興趣漸增，修習了今堀誠二教授的「華僑商業史」、今永清二教授的「東南亞宗教史」，還有上智大學白鳥芳郎教授的「東南亞民俗史」和九州大學谷川榮彥教授的「東南亞政治史」。我撰文介紹東南亞史著作，也是從那時開始的。

　　留日回港後，我在香港中文大學崇基學院日文系擔任助教，系主任是陳荊和教授，他任教的「日本文化與社會」由我負責導修。當時陳教授是中國文化研究所所長和東亞研究中心主任，我同時充當研究助理，抄寫《大越史記全書》已整理好的文稿，如是者三年，直至 1980 年我改任香港浸會學院（香港浸會大學前身）副講

師為止。不久，陳教授從香港中文大學退休，到日本繼續他的教研工作，《大越史記全書》是其後在日本出版的。

　　我在香港浸會大學經常開設「日本史」一科，也教過「東南亞華人歷史」和「亞洲近代史」等科目，每次開課時，我都向學生介紹陳荊和教授的學術和著作。恩師的教導，我是經常銘記於心的。曾經寫過一篇〈師門十年記：陳荊和教授與我〉，收錄於拙著《亞太史研究導論》（香港：利文出版社，1999）之中。近幾年來，我在新亞研究所成立亞太研究中心，宗旨之一是希望延續陳教授早年在新亞研究所成立東南亞研究室、在香港中文大學成立東亞研究中心的學術脈絡，多做一些有關方面的教研和推介工作。

　　拙著《錢穆在香港：人文‧教育‧新史學》（香港：三聯書店〔香港〕有限公司，2020），介紹錢穆先生在香港辦學的歷程，及早期新亞歷史系師生們的學術和事蹟，其中一章是〈陳荊和：日本史及東南亞研究〉。後來又撰寫了一篇題為〈陳荊和師在香港：從東南亞史到日本研究〉的長文，刊登於《讀書雜誌》第 5 期（2022.10）。雖然如此，我仍感未能充分介紹陳教授的豐碩成果，因而時思撰寫一本專著，作較全面和深入的闡述。

　　最近，由於退休後的生活比較清閒，我把陳荊和教授的專著和主要論文，以及他編註的文獻史料集等，從頭細讀一遍，並且撰成提要，加以編次排比，而成本書。名為「導讀」，實際上是我的讀書筆記，或者可以視為陳荊和教授著作的導論和提要，間中加上我的一些解說和註釋。全書有如一冊入門索引，希望可以為讀者和學界提供參考和方便。

　　陳荊和教授學問精深，其論著分別以中文、日文、英文等在多個地方發表，引用史料還包括越南文、法文等，而史事又涉及不同國家，不是我能夠充分掌握的，本書所介紹的，相信只及十之二三而已，未盡周全妥當之處，實因我學力淺薄所致。於此需予強調，至關重要的，是請讀者閱覽陳教授的原書原文，始可盡得其著述之精髓。本書如能起到拋磚引玉的作用，於願足矣。

周佳榮謹識

2023 年 7 月 10 日

新亞研究所亞太研究中心

總論

陳荊和教授的生平和學術

　　香港是亞太區內的大都會，在國際華人社會網絡中佔有關鍵位置。本地學界於東亞研究方面，既能較充分掌握中國內地、香港、澳門、臺灣以至海外華人的文獻和著作，又可以參考歐美、日本和東南亞各地的文獻材料、研究資訊及成果，其表現往往別樹一幟。第二次世界大戰後，在研究條件尚未成熟的情形下，有一批外地學者來港，居留長達一二十年以上，他們一方面致力開拓自己的學術空間，一方面為本地培訓接班人才，成績有目共睹，功不可沒。史學家陳荊和（Chingho A. Chen, 1917-1995）在港從事教研工作近二十年，是其中的表表者。

　　陳荊和以研究東南亞華僑史著稱，而於整理越南史料方面的成績最為可觀；同時精通日本歷史與文化，為本地的日本研究奠定基礎。他一生勤於著述，分別以中文、越南文、日文、英文發表，包括專書、史料集多種，及論文逾六十篇。要全面評論陳荊和的學術成就，先決條件是通曉上述幾種語文，何況他的東亞研究，涉及面既廣，課題又專深，這對一般學者來說是非常不容易的事；弟子

之中，大抵於其學問有所偏重，或專注東南亞華僑，或著眼中日關係，要發揚光大，非加倍努力不可。

　　本文主要綜述陳荊和的生平事蹟和著述概況，初步探討他在學術研究方面所取得的成果，並藉此說明他對本地和海內外史學界的貢獻，希望學界珍惜他以半個世紀時間辛勤開拓的研究領域。

　　第二次世界大戰後，學界所指的東亞，僅為中、日、韓三國，並不包括東南亞在內；但古代的東亞世界，涵蓋範圍實及於東南亞地區。隨着二十世紀的開展，中、日、韓諸國不但交往頻繁，還加強與東南亞地區聯繫，一個廣義的新東亞時代已宣告來臨。所以本文所說的「東亞史」，包括「東南亞史」在內；這與陳氏提倡的東亞研究，其定義是一致的。

第一章　生平概況及教研成績

　　陳荊和，字孟毅，號蒼崖。生於臺灣臺中市，原籍福建漳州漳浦縣，其家族於 1748 年移居臺灣，時為清朝乾隆十三年。陳荊和在日本東京接受小學和中學教育後，入慶應大學文學部史學科，專攻東洋史，師從松本信廣（1897-1981）教授，於 1942 年畢業。[1] 松本信廣是東亞民族史家，著有《印度支那的民族與文化》、《古代文化

1　《華僑華人百科全書・著作學術卷》（北京：中國華僑出版社，1999），林在森〈陳荊和〉條，頁33；周佳榮〈陳荊和傳略〉，載黃浩潮主編《珍重・傳承・開創：〈新亞生活〉論學文選》上（香港：商務印書館〔香港〕有限公司，2019），頁282。

論》、《東亞民族論考》等；戰後主要從事東亞古代船舶的研究，參與《亞洲歷史辭典》的編寫。[2]

　　1943 至 1945 年間，陳荊和在越南河內的法國遠東學院進修東南亞史及越南語。1954 至 1955 年，在法國巴黎大學高級中國研究所從事遠東各國近代史研究。他獲慶應大學頒授文學博士學位，是在 1966 年。日本和法國都是漢學研究的重鎮，越南自古以來，與中國、日本、朝鮮同為東亞文化圈成員，陳氏的留學經歷，已模鑄了自己日後的研究路向。

　　從 1940 年代中至 1960 年代初，陳荊和先後任教於臺灣大學、順化大學、西貢大學及大叻天主教大學。1962 年應聘來港，在史學大師錢穆（1895-1990）創辦的新亞書院擔任教職；又在新亞研究所設立東南亞研究室，致力研究東南亞歷史、社會和文化。1963 年香港中文大學成立，新亞書院是三個成員學院之一，該校重視人文學科，文史哲研究蜚聲士林。任教於歷史系的學者，均為一時之選，學術史有牟潤孫，歷史地理有嚴耕望，社會經濟史有全漢昇，隋唐史有孫國棟，秦漢史有蘇慶彬，中西交通史有王德昭，加上陳荊和的東南亞史及日本史，連同外籍講師和交換學人講授的科目，格局甚見恢弘。書院以「新亞」為名，歷史系更有「新亞史學」的氣象。

2　嚴紹璗《日本的中國學家》（北京：中國社會科學出版社，1980），〈松本信廣〉條，頁 417；日本歷史學會編《日本史研究者辭典》（東京：吉川弘文館，1999），頁 306。松本信廣教授在 1960 年代中曾任香港中文大學日本學講座主任教授，1967 年 4 月 18 日在新亞研究所演講，演講詞〈華南青銅器時代土著民之宗教思想〉，《新亞生活雙周刊》第 10 卷第 3 期（1967.6.9），頁 1-3。

陳荊和融會中國史與亞洲史，王德昭貫通中國史與西洋史，二人的聘任相信並非純然巧合，而是出於一種邁越世俗時流，蘊含着卓識遠見的學術安排。

香港中文大學於 1967 年成立中國文化研究所，其下設中國與東南亞關係組，由陳荊和主持，從事東南亞華僑資料的搜集和整理。1971 年，陳氏又在社會人文學科研究所成立東亞研究中心，與美國南伊利諾大學越南研究中心合作，進行「越南史料整理計劃」。[3]

1963 至 1977 年間，陳荊和除了在中文大學歷史系任教外，曾休假離港，到慶應大學和南伊利諾大學等校講學。1977 年中文大學成立日文組，聘請陳氏為日本研究講座教授，兼中國文化研究所副所長、所長，至 1981 年退休。其後獲日本創價大學續聘，擔任教育學部、教育與文化研究中心特任教授；1986 年起，出任亞洲研究所所長，任內曾到北京大學講學，1993 年因健康緣故正式退休。[4] 晚年移居美國，在越南逝世，享年七十八歲。

第二章　確立東南亞史研究的方向

1940 年代後期，陳荊和開始在臺灣出版的刊物上發表文章，其〈順化城研究旅行雜記〉載《臺灣文化》第 3 卷第 5 期（1948），〈「字喃」的形態及其產生年代〉載《人文科學論叢》第 1 輯（1949）。

---

[3]　參《中文大學校刊》1976 年冬季號，〈陳荊和教授專訪〉，頁 12-14。

[4]　參《創大アジア研究》第 15 號（1994），〈陳荊和前所長退職紀念號〉，頁 147-155。

1950 年代開始，陸續有多篇論文在《文史哲學報》、《大陸雜誌》及《學術季刊》上刊登。[5]《中泰文化論集》、《中菲文化論集》、《中越文化論集》等專書及特刊，亦載有他的著作。[6]

1962 年陳荊和來港以前，在研究方面有下列幾項值得注意的事情：

第一是兼顧歷史知識的普及工作，陳氏曾編著華僑初級中學歷史教科書《東南亞史》，1955 至 1956 年間，由臺北正中書局分別出版菲律賓版、印尼版和越南版。

第二是拓展研究領域，他在新加坡出版的《南洋學報》上發表〈鄭懷德撰《嘉定通志》城池志註釋〉（第 12 卷第 2 輯，1957）及〈清初華舶之長崎貿易及日南航運〉（第 13 卷第 1 輯，1958），後者的視野已擴展到日本了。

第三是開始在香港的《新亞學報》上刊登論文，計有〈十七、十八世紀之會安唐人街及其商業〉（第 3 卷第 1 期，1957）、〈承天明鄉社與清河庯〉（第 4 卷第 1 期，1959）及〈清初鄭成功殘部之移

5　陳荊和〈交趾名稱考〉，《文史哲學報》第 4 期（1952）；〈菲律賓華僑大事誌〉，《大陸雜誌》第 6 卷第 5 期（1953）；〈林鳳襲擊馬尼拉事件及其前後（1565-76）〉，《學術季刊》第 2 卷第 1 期（1953）；〈安南譯語考釋〉，《文史哲學報》第 5、6 期（1954）；〈八聯市場之設立與初期中菲貿易〉，《大陸雜誌》第 7 卷第 7、8 期（1954）等。

6　陳荊和〈五代宋初之越南〉，載《中越文化論集》2（1956）；〈十七世紀之暹羅對外貿易與華僑〉，載《中泰文化論集》（1958）；〈西屬時代的菲島華僑零售商〉、〈華人歷史上的人口及居留地〉，載《中菲文化論集》2（1960）；〈越南陳朝史略〉，載《臺灣陳大宗祠德星堂重建 50 周年慶祝記念特刊》（1961）等。

殖南圻〉上（第 5 卷第 1 期，1960），末後一篇的下半於《新亞學報》
第 8 卷第 2 期（1968）續完。

　　第四是編印東南亞史料集和目錄，其《十七世紀廣南之新史
料：〈海外記事〉》由臺北中華叢書委員會於 1960 年出版，《阮朝硃
本目錄》第一集（嘉隆朝）、第二集（明命朝）及《黎崱〈安南志略〉
校定本》，則由越南順化大學於 1960 至 1961 年出版。

　　以上幾點，說明了陳荊和的研究方向及志趣早見端倪，在來港
任教之前，已初具規模。特別值得一提的是，陳荊和於順化大學任
教期間，對明清之際朱明遺民流寓越南建立的華裔社區「明香社」
（意即維持明朝香火，後來改稱「明鄉社」）有開創性的研究，其成
果初見於《新亞學報》上。來港後，更出版《承天明鄉社陳氏正譜》
（香港：新亞研究所，1964）一書。

表一　陳荊和編校的東南亞典籍

編撰者 / 書名	出版機構	出版年份
《十七世紀廣南之新史料：〈海外紀事〉》	臺北：中華叢書委員會	1960
《阮朝硃本目錄》第一集（嘉隆朝）、第二集（明命朝）	順化：順化大學	1960、1962
《黎崱〈安南志略〉校定本》	順化：順化大學	1961
鄭懷德《艮齋詩集》	香港：新亞研究所	1962
《承天明鄉社陳氏正譜》	香港：新亞研究所	1964
潘叔直（養浩）輯《國史遺編》	香港：新亞研究所	1965

編撰者／書名	出版機構	出版年份
宋福玩、楊文珠輯《暹羅國路程集錄》	香港：新亞研究所	1966
《嗣德聖製字學解義歌譯註》	香港：香港中文大學	1971
《新加坡華文碑銘集錄》（合編）	香港：香港中文大學	1972
《阮述〈往津日記〉》	香港：中文大學出版社	1980
《校合本‧大越史記全書》上、中、下冊	東京：東京大學東洋文化研究所附屬東洋文獻中心	1984
《校合本‧大越史略》	東京：創價大學亞洲研究所	1987

第三章　來港任教及開展研究

　　1960 年代，陳荊和一方面在新亞書院歷史系任教，一方面在新亞研究所主持東南亞研究室，進行兩項出版計劃：其一是「東南亞研究專刊」，其二是「東南亞史料專刊」。

　　「東南亞研究專刊」方面，計有鄭懷德《艮齋詩集》（1962）、陳荊和《十六世紀之菲律賓華僑》（1963）及上文提到的《承天明鄉社陳氏正譜》；同系列的出版物，還包括呂士朋著《北屬時期的越南：中越關係史之一》（1964）及可兒弘明著《香港艇家的研究》（1967）。《十六世紀之菲律賓華僑》是陳荊和的代表作，收集歷年發表關於菲律賓華僑史研究的論文，探討西屬菲律賓時期中菲貿易的出現，內容並及西屬初期對華僑的管治以至菲華的動態。其後此書

並有英文版在日本出版。[7] 學術界公認此書是有關方面的權威著作。
「東南亞史料專刊」方面，整理出版越南人潘叔直（養浩）輯《國史
遺編》（1965）及宋福玩、楊文珠輯《暹羅國路程集錄》（1966）兩種。

及至 1970 年代，陳荊和編校的史料集，均由香港中文大學出
版，計有：越南阮朝（1802-1945）翼宗原撰《嗣德聖製字學解義歌
譯註》（1971），與陳育崧合編《新加坡華文碑銘集錄》（1972），以
及《阮述〈往津日記〉》（1980）。阮述在越南嗣德朝（1848-1883）
晚期曾兩次赴華，《往津日記》是研究當時中越關係的重要資料，此
書除陳荊和的解說及註釋外，還有著名學者饒宗頤的跋文。

在香港任教期間，陳荊和續有中文論文刊載於港臺學報；[8] 又出
席學術研討會，以英文發表其研究成果。[9] 日文論著更多達十餘篇，
分別見於日本的《史學》、《三田評論》、《亞細亞經濟》、《民族文
化》、《東南亞：歷史與文化》等學報，較重要的有〈十七、十八世
紀東南亞的華僑自主政權〉及〈《大越史記全書》的撰修與傳本〉

---

7   Ching-ho Chen, *The Chinese Community in the Sixteenth Century Philippines*, Tokyo: The Centre
for East Asian Cultural Studies, 1968.

8   陳荊和〈十七、八世紀越南之南北對立〉，《南洋大學學報》第 2 期（1968）；〈河仙鄭氏
世系考〉，《華岡學報》第 5 期（1969）；〈元世祖忽必烈的日本出師〉，《華學月刊》第
11 期（1972）。

9   Chingho A. Chen, "On the Rules and Regulations of the 'Duong-thuong Hoi-quan' of Faifo(Hoi-
an), Central Vietnam", *Southeast Asian Archives*, Vol.II (1969); "Mac Thien Ti and Phraya
Taksin, A Survey on their Political Stand, Conflicts and Background", *Proceedings, Seventh IAHA
Conference*, Vol.II (1979).

等；[10] 另有〈《大越史略》的內容與編者〉一文，載《山本達郎博士古稀記念論文集：東南亞、印度的社會與文化》（1980）。[11]

　　陳荊和主持香港中文大學中國文化研究所期間，於 1979 年舉辦「中日文化交流國際研討會」，是香港地區首次以中日歷史關係為主題的一個大型國際研討會，共有十個國家和地區的學者參加，包括來自日本、韓國、中國臺灣、馬來西亞、澳洲、美國、加拿大、英國、法國和中國香港的學者六十多人。大會討論了中日兩國二千年來文化交流的情況，並將提交論文結集為《中日文化交流國際研討會論文集》三卷，包括考古、美術、文學、語言學習、經濟及思想六個方面，於 1985 年出版。[12]

第四章　晚年在日本發表成果

　　1980 年代，陳荊和任教於日本創價大學，在學術界顯得非常活躍，發表論著逾十篇，例如〈關於《大南寔錄》與阮朝硃本〉載《稻・舟・祭：松本信廣先生追悼論文集》（1982），〈東南亞華僑

10　陳荊和〈十七、十八世紀の東南アジアにおける華僑の自主政權〉，《民族文化》第 10 卷第 1、2 號（1974）；〈《大越史記全書》の撰修と傳本〉，《東南アジア：歷史と文化》第 7 號（1977）。

11　陳荊和〈《大越史略》：その內容と編者〉，載《山本達郎博士古稀記念論文集：東南アジア・インド社會と文化》（1980）。

12　黃愈軒〈香港研究日本史及中日關係史的概況〉，載周佳榮、劉詠聰主編《當代香港史學研究》（香港：三聯書店〔香港〕有限公司，1994），頁 358-359。

史研究的回顧〉載《第一回國際近代日本華僑學術研究會論文集》
（1988）。[13] 其餘大多刊於《創大亞細亞研究》，如〈《校合本・大越
史記全書》的刊行及其體裁〉（第 8 號，1987）、〈關於阮朝初期的
「下洲公務」〉（第 11 號，1989）等。[14]

　　除了繼續一直以來的東南亞史研究外，陳氏也有文章涉及香港
問題，例如〈新界租約期滿與香港的將來〉、〈嗣德時代越南的近代
化志向與香港〉；[15] 此外，還論述了一些當代政治事情，例如〈中國
之統一：分析與展望〉、〈西沙群島與南沙群島：歷史的回顧〉。[16] 這
是陳氏晚年著述的特色之一。這些論文指出，越南在十九世紀下半
葉走向近現代化的過程中，香港扮演着積極的角色，從在位者的思
維，到人才教育、各種器物以及外交策略上，均發揮了作用。[17]

　　陳荊和早於 1970 年代已全面進行《大越史記全書》的校勘工
作，但因卷帙浩繁，赴日本後繼續，直至完成，《校合本・大越史記

---

13 陳荊和〈《大南寔錄》と阮朝硃本について〉，《稻・舟・祭：松本信廣先生追悼論文
　　集》（1982）。

14 陳荊和〈《校合本・大越史記全書》の刊行とその體裁〉，《創大アジア研究》第 8 號
　　（1987）；〈阮朝初期の「下洲公務」に就いて〉，《創大アジア研究》第 11 號（1989）。

15 陳荊和〈新界租約の滿期と香港の將來〉，《創大アジア研究》第 3 號（1981）；〈嗣德時
　　代ベトナムの近代化志向と香港〉，《創大アジア研究》第 12 號（1991）。

16 陳荊和〈中國の統一：分析と展望〉，《自由世界》1982 年 5、6 月號；〈西沙群島と南沙
　　群島：歷史的回顧〉，《創大アジア研究》第 10 號（1989）。

17 區顯鋒〈陳荊和對越南史之研究〉，載周佳榮、范永聰主編《東亞世界：政治・軍事・
　　文化》（香港：三聯書店〔香港〕有限公司、香港浸會大學當代中國研究所，2014），頁
　　367-386。

全書》三冊最終由東京大學東洋文化研究所附屬東洋學文獻中心於
1984 年出版。《大越史記全書》乃越南黎朝（後黎朝，1428-1789）
史官吳士連等撰修的編年體正史，以《大越史記》及《史記續編》
兩種著作為基礎編成，1665 年范公著奉命續修《大越史記全書》，
增加《本紀實錄》及《本紀續編》；1697 年黎僖撰成《本紀續編追
加》，又增 1662 至 1675 年黎玄宗、黎嘉宗兩朝實錄，成為《大越
史記全書》的最後修訂本，至此全書遂告完成，頒行天下。除最初
的刻本外，西山朝（1778-1802）、阮朝（1802-1945）均有版刻或複
刻；1885 年日人引田利章在日本以活字印刷，成為通行本，但錯漏
頗多，引起不少疑問。陳氏編校的《校合本‧大越史記全書》，以不
同版本互校，並加標點和註解，對研究者最稱便利。

　　陳荊和另編訂《校合本‧大越史略》，1987 年由創價大學亞
洲研究所出版。《大越史略》又名《越史略》，是越南最早的編年
體史書，撰者不詳（有人認為作者是胡宗鷟），大約是陳朝昌符年
間（1377-1388）的著作。共有三卷，敍事自傳說時代起，而於李朝
（1009-1225）史事記述特詳，與《大越史記全書》同為考察越南李
朝及前此史事的基本材料。但《大越史略》在越南國內已失傳，流
傳於中國，收入《四庫全書》，此外亦見於其他叢書載錄。陳氏編校
的《校合本‧大越史略》是現行最完整的版本。至此，總共編校了
十二種東南亞典籍。（表一）

第五章　默默耕耘的先驅

陳荊和教授在學術界的活動，大致上可以分為三個時期：（一）前期：從 1945 至 1962 年，主要活動於中國臺灣，其次在越南，這時期奠定了他的研究基礎和確立了發展方向；（二）中期：從 1962 至 1981 年，主要任教於香港，活動則遍及東亞和東南亞多國，這時期是他從事史學研究的高峰期，成就特多，並以中英文撰寫其代表作；（三）後期：從 1981 至 1995 年，主要活動於日本，直至退休，以完成《大越史略》和《大越史記全書》的校合本為最大成就，日文著作亦多。

陳荊和教授早年對臺灣史學界的影響，史家曹永和在〈百年來的臺灣學術發展〉一文中指出：「本地研究者也漸受注目，如今日許多臺灣史資深學者的共同老師楊雲萍；日治時期畢業自慶應大學，專研東南亞史 ── 特別是越南史的陳荊和。雖然臺灣學術對陳荊和多所忽略，但其研究在只重視中國史研究的臺灣史學界，應該有特別的地位。」[18] 這番話大概也適用於香港史學界，本地學者對陳氏的大量著作多所忽略，對他在東南亞史和華僑史方面享有國際聲譽，幾乎茫無所知。

明史專家趙令揚教授回憶他輯錄《明實錄中之東南亞史料》（香港：學津出版社，1968-1976）的情形，謂「當時《明實錄》一書，

18　莊永明總策劃《學術臺灣人》（臺北：遠流出版事業股份有限公司，2002），頁 11。

絕不易見，幸新亞書院圖書館有錢穆院長私人收藏之梁鴻志於 1940
年影印江蘇國學圖書館藏嘉業堂傳鈔本。……1959 年整個暑期，在
新亞書院圖書館抄錄有關東南亞之資料，揮汗工作，可謂艱辛，但
如果沒有圖書館何家驊先生及東南亞研究室主任陳荊和教授在行政
上及精神上之鼎力支持，有許多技術上之困難，是難以克服的。」
又說：「有關明代和東南亞之關係，筆者和陳學霖、陳璋之《明實錄
中之東南亞資料》上、下兩冊，於 1967 年及 1976 年出版，對明代
和東南亞之研究，予以很多的方便。但明代和中南半島之研究，已
故之陳荊和教授，應為這方面的專家，陳教授在學術上的成就，早
已肯定，其對年輕一代學者的鼓勵和支持，確為一代之典範。」[19]

　　陳荊和教授在香港中文大學歷史系講授日本史和東南亞史，相
對於為數眾多的中國史科目來說，是「冷門」科目，真正有興趣的
學生不多；他的著作常令學生摸不着頭腦，至於用日文發表論著一
事則更少人知道了。[20] 陳氏在中大研究院亦開研習班，在他指導下撰
寫碩士論文的研究生並不算多。[21]

19　趙令揚〈近五十年香港地區之明史研究〉，載北京大學中國傳統文化研究中心編《文
　　化的饋贈：漢學研究國際會議論文集》史學卷（北京：北京大學出版社，2000），頁
　　150-151。

20　周佳榮〈師門十年記：陳荊和教授與我〉，載《與中大一同成長：香港中文大學與中國文
　　化研究所圖史 1949-1997》（香港：香港中文大學中國文化研究所，2000），頁 202-204。

21　例如：劉家駒〈菲律賓菲化運動之研究〉（1968）、曹仕邦〈越南歷朝（從丁朝至黎
　　朝）佛教與政治的關係〉（1968）、李朝津〈中日外交之序幕：日本的出兵臺灣 1870-
　　1874〉（1976）。

　　但是，必須一再強調，香港學界對東南亞史和華僑史的研究，以 1960 和 1970 年代最盛，成就斐然，在國際學術界評價甚高。這與陳荊和在香港從事教研工作，實有很大關係。1980 年代開始，由於中國內地大力推行學術研究，香港本身雖然未能再創高峰，但發揮了溝通中外學界和促進學術交流的作用。踏入 1990 年代以後，隨着亞太研究在大專院校的開展，東南亞問題和海外華人社會研究，呈現出一番新局面。[22]

　　劉家駒先生是陳荊和來港初期的入室弟子，在香港浸會學院講授東南亞史及東南亞華人史多年，著有《菲律賓菲化運動之研究》（香港：學津書店，1983），傳陳氏一門之學。其後香港浸會大學歷史系常設「東南亞史」、「東南亞華人」等科，保留了這一學術傳統。在香港浸會大學歷史系任教多年直至退休的林啟彥教授、周佳榮教授，均曾受教於陳荊和教授。

　　然而陳荊和教授對東南亞史料校訂之精，對華僑史鑽研之深，對日本歷史文化認識之廣，對東亞史整體識見之博，學界如欲掌握其學問神髓，恐怕仍需俟以時日。古代中國曾是研究東南亞歷史文化的重鎮，在今日而要恢復其領導地位，必須重視先驅學者的研究成果，陳荊和教授的論著散見於不同刊物，他編校的史料集流佈各處，若能加以系統整理，將可發揮更大作用。

22　周佳榮〈香港的東南亞史及海外華人史研究〉，載周佳榮、劉詠聰主編《當代香港史學研究》，頁 376-379。

第一篇

十六世紀之菲律賓華僑

　　陳荊和著《十六世紀之菲律賓華僑》，香港：新亞研究所，1963 年 8 月。（27+161 頁）列為「東南亞研究專刊之二」。此書於〈緒言〉之後，正文分為四章，依次為〈西班牙之領屬菲律賓〉、〈中國海盜之寇擾〉、〈華僑管制政策之開端〉及〈十六世紀末年之菲律賓〉，附錄〈菲律賓華僑史上的人口及居留地〉。

　　據陳荊和教授在〈緒言〉中說，鑑於菲律賓華僑慘澹經營的歷史及其偉大貢獻，詳細可靠的研究不多，此書是他在十年間發表的論文修改結集而成 [1]，「擬就西屬初期菲律賓華僑動態之一斑略予闡明，藉供追溯先人創業維艱之經過，增益吾人景仰之忱」。（頁 7）

　　歷史上中菲之間的交往，可溯至十世紀末年。據宋代趙汝适

---

[1]　1950 至 1960 年，陳荊和教授發表了多篇關於菲律賓華僑史及中菲貿易史的論文，計有：（一）〈菲律賓華僑大事誌〉，《大陸雜誌》第 6 卷第 5 期（1953）；（二）〈林鳳襲擊馬尼拉事件及其前後（1565-76）〉，《學術季刊》第 2 卷第 1 期（1953）；（三）〈八聯市場之設立與初期中菲貿易〉上、下，《大陸雜誌》第 7 卷第 7、8 期（1954）；（四）〈十六世紀末年之菲律賓與潘和五事件〉，《學術季刊》第 4 卷第 3 期（1956）；（五）〈西屬時代的菲島華僑零售商〉及（六）〈華僑歷史上的人口及居留地〉，均載《中菲文化論集》2（1960）。

《諸蕃志》[2] 及元末汪大淵《島夷誌略》[3] 記載，十三世紀初至十四世紀中，中國商船已經常來往中菲之間；中國商賈的足跡，已遍達摩逸、三嶼、呂宋島西南海岸諸地。摩逸是古名 Mayit 的音譯，即現今民都洛（Mindoro）島，為宋元時菲群島的交易中心，當時華舶經常以瓷器、鐵鼎等物交易菲律賓土產。三嶼是摩逸的屬地，元時稱為三島，「三島之男子常附舶至泉州經紀，罄其資囊以文其身，既歸其國則國人以尊長之禮對之，延其上座，雖父老亦不得與爭，習俗以其至唐故貴之也」。（頁 2）

　　宋元時代的中菲交易純由中國商賈主動，中國商賈乘船載貨至其地交易，然後載該地土產而歸，交易完畢後均原舟返國，絕少留住該地，這種情形一直繼續至十六世紀後半。其時華商籍貫多為廣東、漳州、福州，彼等多由家鄉出發，到馬尼拉通常需要十五至二十天航程。貨物種類頗多，包括生絲、絲織品、綢緞、棉布，以至日常用品等，舉凡西班牙人在菲島生活需要，均仰給於華舶之來

2　《諸蕃志》：二卷，南宋趙汝适撰，1225 年成書，是當時的海外指南名著。原書已佚，今本從《永樂大典》中輯出。此書記述海外各國的風土、物產及貿易概況，東自日本，西至北非摩洛哥，而尤詳於東南亞地區。有近人馮承鈞的《諸蕃志校注》。趙汝适於 1208 至 1227 年間任福建路市舶提舉，任內得知傳聞頗廣，多涉海外諸事，悉心撰成此書。

3　《島夷誌略》：一卷，元代旅行家汪大淵撰，記述海外四十餘國的政情、歷史、地理、經濟及風土、物產等，有近人沈曾植的《島夷誌略廣注》。汪大淵二十歲時即附舶出海，兩下東西洋，遊歷數十國，遠至西非和東非。

航。華舶自菲島載回中國的，則是西班牙的銀貨。[4]

第一章　西班牙之領屬菲律賓

　　《十六世紀之菲律賓華僑》第一章分為兩節：（一）菲律賓之發現與征服；（二）勒嘉斯比之撫定。首述西班牙的地理及歷史概況，及菲律賓種族之紛雜與地形上之分散，使古來未曾出現統一政權。及至十四世紀末，伊斯蘭教（中國稱回教）傳入，滿剌加王國[5]成為東西貿易及回教的大中心，先後傳入蘇祿、民答那峨及巴拉灣島，伊斯蘭教勢力日漸向北推進，至十六世紀初，不但毘舍耶諸島，而且呂宋島的一部已改宗伊斯蘭教了。

　　西班牙人適於此時期在東方出現，來到菲律賓，不但阻止回教勢力北進，並且建立了遠東最大的天主教社會。[6] 1521 年 4 月 7

4　西屬時期的菲律賓：1571 至 1898 年，呂宋為西班牙殖民者侵佔，中國史籍因稱呂宋為「小呂宋」，而稱西班牙為「大呂宋」。呂宋為古國名，其故地原指今菲律賓呂宋島馬尼拉。宋元以降，中國商船常到此貿易。

5　滿剌加王國：又稱「馬六甲王國」，馬來半島古國。約在 1402 年為拜里迷蘇剌所建，都城在今馬六甲。馬六甲在當時是東南亞國際貿易中心，中國、印度、波斯、阿拉伯各國商船均在此停泊，並且進行貿易。滿剌加王國經歷了七位君主，1511 年為葡萄牙所滅。

6　菲律賓的天主教社會：西班牙天主教會，包括奧古斯丁、方濟各、多明我、耶穌會等主要教團，於十六世紀末傳入菲律賓，並開展其傳教活動。在菲律賓的天主教僧侶，數目日益增加。在實行政教合一下，天主教會在菲律賓掌握了多方面的權力。

日，原為葡萄牙貴族、後歸化西班牙的麥哲倫[7]率其船隊在朔霧島（Cebu）登陸，是為西人抵達菲島之始。由於西班牙在墨西哥的殖民事業順利進行，可以在墨西哥派出船隊，省卻時間和經費，結果提早了西班牙之經營菲律賓。（頁11）

1564年11月，勒嘉斯比（Miguel Lopez Legaspi）率領四艘戰船及水手、士兵共四百名，從墨西哥納維達港出發，遠征東方。次年4月抵達朔霧島。後來將其基地從朔霧島遷至巴乃（Panay）島，再從巴乃島遷至呂宋島，終於奠定西國把持菲島之基礎。「其間事態之演變頗為曲折，決非垂手可得之易事。僅就西人來島當初之十年間而言，先有葡國船隊之封鎖朔霧港口，後有林鳳之攻擊呂宋島；兩次事件均使在菲之西人陷入岌岌可危之困境。」（頁18）

自1521年麥哲倫抵達菲律賓開始，經過半個世紀，西班牙始確實佔據了菲律賓，一直維持到1898年，由於美西戰爭[8]，菲律賓改屬美國為止。其間除了十八個月（1762.9-1764.3），馬尼拉為英國

---

[7] 麥哲倫（Fernão de Magalhães，約1480-1521），西班牙航海家、殖民者。出身於葡萄牙貴族世家，曾參加葡萄牙東印度的遠征隊。他渴望尋找繞過美洲南端海峽，通往東方的新航線，但未得到葡萄牙王的支持，憤然移居西班牙，入西班牙籍，得西班牙國王支持其計劃，於1519年奉命率領船隊作環球航行。1521年3月16日抵達菲律賓的薩馬（Samar）島，3月28日在利馬薩瓦（Limasawa）島登陸，4月7日到達宿霧；4月27日企圖征服馬克坦（Mactan）島，被當地首領拉普拉普領導的居民殺死。

[8] 美西戰爭：1895年，古巴人民為反對西班牙的殖民統治，起來爭取獨立，遭西班牙殖民政府鎮壓。1898年初，美國以護僑為由，派遣戰艦進駐哈瓦那，但被炸沉，因而對西班牙宣戰。5月，美國向菲律賓的西班牙軍進攻，摧毀馬尼拉灣的西班牙艦隊，並於8月佔領馬尼拉。西班牙戰敗求和，與美國訂立《巴黎和約》。

軍隊佔領。換言之，西班牙控制菲律賓長達三百二十七年之久。

第二章　林鳳攻擊馬尼拉始末

　　《十六世紀之菲律賓華僑》第二章，對林鳳襲擊馬尼拉事件考證及敍述甚詳。首先指出，西文史料所稱 Limahong 者，確為明代嘉靖末至萬曆年間著名的中國海盜林鳳（俗稱林阿鳳）。[9] 陳荊和教授指出，經中外學者研究，關於林鳳的事蹟，乃漸明於世。「惟關於林鳳襲擊呂宋之始末，及因此事菲島當局與中國官憲交涉之情形，西班牙方面之史料未曾被充分利用，其間尚有吾人重新加以補充或檢討之餘地。」（頁 32）

　　萬曆二年十月辛酉（1574 年 11 月 3 日）《明實錄》載，「福建海賊林鳳自澎湖逃往東番魍港，總兵胡宗仁、參將何良明追擊之；……賊舡煨燼，鳳等逃散」。自是而後約一年間，林鳳之名不見於《明實錄》。魍港（今臺灣東石鎮塭港）之戰鬥，應在此年 10 月下旬。據西文史料，林鳳船隊出現於馬尼拉灣，是在 11 月 29 日，距離魍港之戰鬥約一個月，「可知魍港敗戰之後經過整編、補給、休養之後林鳳船隊才航至馬尼拉灣，同時亦可推想魍港之敗仗為林鳳

9　林鳳：中國明代海上武裝力量首領。廣東潮州饒平人。以澎湖為基地，其勢盛時擁有船隻三百餘艘、人員四萬餘名。1574 年在粵戰敗，退走福建沿海、臺灣魍港等地，受明朝官軍追剿，赴菲律賓呂宋島，兩次進攻馬尼拉不克，率眾北上，遭西班牙殖民軍征討圍困，突圍出海，復由澎湖抵魍港北上，其後不知所終。

遷往呂宋之主要動機」。（頁 34）

　　林鳳曾與另一位有力海盜相埒，經一次海戰之後，收納其人眾及船隻，擁有九十五隻船舶。後聽聞明廷將有大事追剿，因而退據一個離中國本土的島嶼，不久截獲剛從馬尼拉回帆的華舶（一艘或兩艘），得悉呂宋島西人的軍力單薄，「可知拿捕華舶以及獲知菲島虛實為林鳳攻擊呂宋之另一個動機」。（頁 35）但經兩次襲擊失敗之後，林鳳顯然已斷攻取馬尼拉之念，船隊駛往傍佳施欄（Pangasinan）河口，於其上游設置基地。西軍進擊，林鳳派出船隊與西人相戰，持續約四個月，雖無重大損傷，但林鳳感覺如此局面不可維持多久，因而命部下趕造新船，於 1575 年 8 月 4 日撤離其寨。當時他仍擁有三十七艘船，回澎湖暫時補養，其後突襲廣東、福建，總兵胡守仁擊沉其船二十餘艘，再由潮州參政全渊之推誠諭撫，林鳳知眾心已散，勢窮力竭，於 1576 年 2 月製船夜遁，此後於東南沿海不再有蹤跡可尋。

　　此書第二章第二節，述中菲官方之首次接觸，陳荊和教授就中西兩方面的有關記載加以比照，對把總王望高一行在馬尼拉期間與西人及僑居華人的接觸情況，作徹底的究明，指出「王望高之兩度來菲為西國官憲與中國官憲首次之接觸，在中菲或中西交涉史上為一永久被紀念之重要史事。然據吾人所知，王望高在菲之言動卻始終無不辱其使命，實令人為之黯然」。（頁 47）同時亦予指出，西人對華抱有偏見。

　　1577 年 7 月 8 日，參德（Francis co de Sande）總督在上西王之函中，提出今後三十年間免向華舶徵收關稅的建議，可知其致力吸

收華人及華貨來島。「此種政策之堅持固然由於西人對葡人中國貿
易之競爭所持嫉妒心理所致，但更根本之要因莫過中菲貿易為菲島
西人之消費最大之補給來源，除此，西人無法維持菲島之故。事實
上，就此後幾年之情形而言，華人之菲島貿易並未因林鳳之襲擊事
件而告斷；仍有不少華人及華舶繼續航至菲島經商。其來菲華人及
華船之數目、來貨之種類、數量亦年年增加。」（頁 53）

第三章　華僑管制政策之開端

　　《十六世紀之菲律賓華僑》第三章〈華僑管制政策之開端〉分
為三節：（一）三分稅之開徵與八聯市場之設置；（二）中菲貿易之
興盛與對華僑傳教工作；（三）薩拉查主教筆下之八聯市場。

　　林鳳襲擊馬尼拉後，居留馬尼拉的華人及駐往菲島的華舶均
遭受連累。由於西人的恐華心理，加以西吏對華人及土人的蠻橫態
度，來菲經商的華人已不再如昔日受到歡迎，反而遭到種種限制和
壓迫。當時西政府對華僑的措施，最有影響力的，莫過於三分稅的
開徵，及華人集中圍場的創設。前此，華舶向西政府只繳繫船稅一
項；1581 年，戈沙祿・龍其慮（Gonzalo Ronquillo de Penalosa）總
督顧及進口華貨大量增加，因而創設三分稅，向所有的西人及華人
進出口的貨物徵收百分之三的實物稅，同時亦將繫船稅的稅率提
高，每噸徵收稅金十二比索。（頁 57）

　　開徵三分稅的原因，是由於當時菲島常有內寇外患，政府收入
不敷支出，每年須仰賴墨西哥政府的補助以維持財政；再則鑑於中

菲貿易漸趨茂盛，希望增大稅收。又為提防中日海盜混跡華商，滲入馬尼拉，以致危及菲島的治安，及為統制華人商業和徵收稅款的便利起見，於 1582 年在馬尼拉市區東北部設一圍場，面臨巴色河之地，稱為生絲市場（Alcaiceria）或八聯市場（Parian），將同年來菲的所有華人集中該處，並任命西人的監督人員，嚴格管制華人的生活和商業活動。

　　但措施實行之後，不但未能收到預期效果，且引起中菲貿易空前的不景氣。華商的利益既受不少打擊，囚禁於八聯市場為未曾有之凌辱。實際上還有其他弊端，包括華貨向西政府登記時，較佳的貨物由西吏自定價格及優先搶購，不准華人自由貿易；市場內的生活極其困苦，管理官員強迫華人服役，充當西人遠征船隊的漕手，如想避免徵役，須付巨款賄賂西吏。華商群情譁然，紛紛搶先回國。（頁 58）

　　由於維拉（Santiago de Vera）總督採較同情的態度，加以華僑刻苦耐勞及善於適應環境，不出幾年，中菲貿易恢復且較前更興盛。旋又出現兩個問題，一則西班牙銀貨大批流入中國，二則華僑人口激增，情況頗為錯縱複雜。1586 年中，馬尼拉最高法院檢查官羅哈斯（Pedro de Rojas）上腓力伯第二的報告指出，每年從馬尼拉總有三十萬比索的銀貨流入中國，而這一年竟超過五十萬比索，加之華人將許多黃金攜回中國，而此等黃金完全不再匯回菲島。（頁 67-68）

　　書中對於菲島華人信教的情形，亦徵引文獻資料予以說明。例如提到多密尼克會的修士們甚至開始以華語向華人講道，已有華人

教徒部落，至於領洗時要剪髮為光頭及禁止入教後回國兩事，則有頗大保留。1590 年初，華人領袖三哥及四官兩人，曾往專管八聯市場教務的高甫 (Juan Cobos) 教士，勸他派遣二教士赴華之舉，與三哥、四官啟程赴漳州，結果多密尼克會首次中國佈教計劃歸於徒勞，兩教士為中國官憲逮捕及被驅逐，翌年始回馬尼拉，同行的三哥和四官則遭重罰。陳荊和教授在評論此事時說：「免除華僑教徒之剪髮及返華禁令之解除幾可認為三哥及四官兩名領路西教士赴華之交換條年如是，當可容吾人推想三哥及四官為企圖將西政府對華僑過分之關心轉向於中國本土，藉以減少菲島華僑之困苦，因而甘願冒險自己之生命財產而引路兩西人教士赴華。」(頁 75-76)

　　至於八聯市場的急速發展，反映了華僑在菲島的商業地位仍然屹存且漸趨於鞏固。原先的八聯市場，於 1583 年失火被焚，次年遷至馬尼拉城北緣巴色河畔的沼澤地重建，比從前更高更大。住有醫生及藥劑師，亦有許多飲食店，除供華人及土人飲食外，聽說連西人亦時常光顧。

　　八聯市場有一百五十間商舖，住有大約六百名華人；另有一百多人住在巴色河對岸之地，均為已婚者，且多為教徒，另外，有漁夫、園丁、獵人、織匠、磚匠、燒石灰匠、木匠、鐵匠等約三百人，住在市場外面，面臨海岸及河岸的市區。由於來菲的華人過多，另一同型的八聯市場正在趕工，建於八聯市場旁邊。1588 年，薩拉查主教在寄給本國桑哲士教士的信中，對第二次八聯市場有十分細緻而生動的描述。尤其值得注意的，是他說：「普通一個華工可在一年之中完成一間房屋。吾人樂於看見許多華美家屋、教堂、

隱修院、病院及堡壘之迅速建立。……如予以彼等以石灰，彼等可供給所有其他建築材料，並在約定期間之內，以房屋或工程交給業主。」（頁81-82）從馬尼拉的八聯市場，華人社區的發展情況可見一斑。

第四章　十六世紀末之菲律賓

《十六世紀之菲律賓華僑》第四章〈十六世紀末年之菲律賓〉，共有四節：（一）內憂外患交迫之菲律賓；（二）禁穿華布令；（三）潘和五事件始末；（四）西政府對華僑管制之嚴格化。

1580年西班牙王腓力伯第二（Felipe II）兼攝葡萄牙王時，其所屬領域已遍及東西兩洋，至是西班牙的富強冠絕歐洲，實現了西國史上空前的黃金時代。但為了擁護天主教復興，在國內曾實施極端的專制及專利政策，在外又屬行重金主義，致使國內商工業衰頹，海外殖民地的保存和經營，因而漸成西政府莫大的負擔。加以英西兩國之間的糾紛日趨明顯，1584年兩國開戰，英國船隊劫掠西國船隻，1587年拿捕由菲律賓駛往墨西哥的樓船聖‧安娜（Santa Ann）號，掠奪船上大批貨物及黃金；英人船隊又於次年在呂宋島南方一個島上，企圖破壞造船廠。聖‧安娜號遭難致使馬尼拉若干市民倒產，包括商人在內。不但西班牙本國與殖民地之間的交通受到嚴重威脅，且在墨西哥及菲島內引起不安。1588年，西班牙著名的「無敵艦隊」為英國所滅，英西兩國之間鬥爭的主動業已移到英人手中，英國船隻對西屬菲島的威脅與日俱增。（頁83-85）

當時菲島面臨的另一外患，是日本海盜的出沒及日本統治當局覬覦菲島的意圖。1584 年中，西船從呂宋首次抵日本九州平戶；兩年後，長崎太守大村純忠 [10] 派船到菲。從此南航菲島進行交易的日本船隻漸增，而倭船或中日人士合組的海盜船仍不絕於途，西人對此未曾放鬆戒備，嚴苛對待日船和日人。此外，1591 年山把黎斯（Zambales）土人叛變，西國駐菲軍人及士兵死傷甚眾，又由叛亂而引致稅收遞減，官吏、軍人薪秩之支給不能周全，官商勾結、牟利自私的風潮日熾，政府當局與宗教首長之間的對立和不合作現象，亦隨之而發生。（頁 87-89）

由於華布暢銷、土產棉布沒落，1591 年實施禁穿華布令，但並未收到預期的效果。次年仍有二十八艘華船載運大批商貨到菲島，可見華商對菲島貿易的興趣不減。書中指出，其後「潘和五事件」發生的直接導因，起於達斯摩利那（Gromez Perez Dasmarinas）總督強徵華人充當摩鹿加群島遠征船隊的漕手。1593 年，該總督在遠征途中為華人潘和五等所殺，史稱「潘和五事件」。[11] 臨時總督羅洽斯（Pedro Rojas）將八聯市場遷於馬尼拉城外。次年，西督路易·達斯

---

10 大村純忠（1533-1587）：日本最初信奉天主教的戰國大名。1582 年（天正十年）與大友宗麟、有馬晴信共同派團訪歐，史稱「天正遣歐使節」。前後歷時八年半，至 1590 年回國。

11 潘和五事件：1593 年 8 月，西屬菲律賓總督率領戰船遠征馬魯古群島，役二百五十名華人助戰，命令操舟，稍怠輒被鞭笞甚至刺殺。華人中的潘和五導起來反抗，該總督及其餘西班牙人或被殺，或落水死。潘和五等駕船回國，後來流失於安南（今越南），僅郭惟太等三十二人附他舟返鄉。

摩那（Luy Perez Dasmarinas）將居住在馬尼拉的華人五千名（約為當時華人總數的一半）遣回中國，福建巡撫許孚遠亦遣人招還。陳荊和教授強調此舉「且可認為一種護僑政策之表現，於華僑史上頗值注目」。（頁119）

「潘和五事件」引起西政府向華人採取一連串更強力且有效的管制及取締，其中最重要的莫過於八聯的管理問題，其後的措施，已如上述。〈西政府對華僑管制之嚴格化〉一節的末尾，分析了當時東亞的國際情勢：

　　　日本正在從事侵韓戰爭，中國大陸沿海之倭寇及海盜仍甚猖獗；在中南半島上，黎朝之復興勢力剛剛從篡立王朝莫氏之手奪回昇龍（即今河內），且在東京灣周圍戰事仍未停歇；在柬埔寨方面則由暹羅大城（Ayuthya）王朝軍隊之進寇，柬國政府乃動盪不安；在此動搖之時代，來菲之華人總難免有若干莠民混跡，但其餘華人均屬於善良之商人及勞工乃是不容置疑之事。

　　結語評論說：「吾人站在中國人立場，固對潘和五事件之發生甚感遺憾，但究其因，實由於菲島當局對華人沒人性待遇所致；此群華人既無國家勢力作後盾，亦未曾受過本國政府庇護，反而飽受異族之陵辱而疲於奔命，豈有束手待斃之理。事發，菲島政府不但未省察前因，反而嚴加管制，加強猜忌，這應是西國統治菲島莫大之悲劇！」（頁13-131）

　　陳荊和編〈菲律賓華僑大事誌：十六世紀至十九世紀華僑史事
年表〉，載於《大陸雜誌》第 6 卷第 5 期（1953.3），大略述及西
屬時期菲律賓的華僑人口及華僑居留地的史實，經補充及修訂後，
作為《十六世紀之菲律賓華僑》一書的附錄，題為〈菲律賓華僑史
上的人口及居留地〉，刊於書後。（表二）大事年表始自 1570 年，
迄於 1947 年。附圖三幅，包括〈西屬時代初期在菲律賓群島之西
班牙基地〉、〈十六世紀之馬尼拉及其附近〉、〈菲律賓群島歷史地
圖〉，方便參考。劉家駒著《菲律賓菲化運動之研究》[12] 是在陳教授
指導下完成的碩士論文，可以作為補充。

表二　十六世紀菲律賓華僑大事年表

年代	事項
1570 （明朝隆慶四年）	戈第（Martin de Coiti）的船隊初抵呂宋時，曾見馬尼拉有四十名華人及二十名日人居住
1571 （隆慶五年）	勒嘉斯比（Miguel Lopez de Legaspi）佔據馬尼拉，旋開設總督府，當時馬尼拉有華人一百五十名，從事絲織物、棉布及日常雜貨的販賣

---

12 劉家駒著《菲律賓菲化運動之研究》（香港：學津書店，1983），論述 1930 至 1960 年
　　代的菲化運動，依次為初期的菲化運動（1934-1944）、第二階段的菲化運動（1946-
　　1953）、菲化運動的高潮（1954-1961）以及 1963 至 1968 年間菲化運動的趨勢，並從思想、
　　政治、文化三方面分析其因由，結論強調華僑華人對菲律賓經濟利益和社會發展所作出
　　的貢獻。

年代	事項
1580 （萬曆八年）	敦度（Tondo）部落可見有不少華人居住，其中一部分為天主教徒，多數為非教徒；馬尼拉市中，亦可見有若干華僑商舖
1581 （萬曆九年）	戈沙祿・龍其慮（Gonzalo Ronquillo）總督開徵取百分之三的關稅以充軍費，是對中國商貨徵稅之始
1582 （萬曆十年）	龍其慮總督在馬尼拉市區東北部巴色河畔開設八聯，將本年到菲的華人全部集中該處，並任命西吏為監督官，對華人商業及生活嚴加管制。由於受到西班牙人強徵及苛酷待遇，引起四百名華人返華
1583 （萬曆十一年）	八聯失火被焚，西督底厄・龍其慮（Diego Ronguillo）命重建新潤於馬尼拉城北緣的沼澤地。此八聯為方形，內有四排房屋
1584 （萬曆十二年）	本年到菲的華舶約有二十五至三十艘，華人商賈隨之南渡者約為四千名
1586 （萬曆十四年）	馬尼拉及其附近，華人數目約有四五千人
1587 （萬曆十五年）	本年有三千多名華人到菲律賓
1588 （萬曆十六年）	八聯又毀於火，西督維拉（Santiago de Vera）復於舊址重建新八聯，其建築特用瓦蓋屋頂，比以前更堅固及美觀。內有一百五十間華僑商舖，住有約六百名華商。本年有三十多艘華舶到來，載有大批華人，與僑居者合計，馬尼拉市華人已逾一萬人
1589 （萬曆十七年）	本年在八聯內的華人，估計有二千人。平常有四千華人居留馬尼拉市，部分人散居於市郊的村落之間

年代	事項
1590 （萬曆十八年）	住在八聯的華人數目，經常在三千至四千之間；另外還有二千名以上的華人，從事來往生意
1591 （萬曆十九年）	據菲島莊園（Encomienda）的現狀報告，八聯內的華僑商舖約有二百間，華僑數目時有增減，通常在二千人左右，而僑居敦度的華人僅有四十名
1593 （萬曆二十年）	西督達斯摩利那（Gomez Perez Dasmarinas）於遠征摩鹿加途中為華人潘和五等所殺，臨時總督羅洽斯（Pedro Rojas）將八聯遷到馬尼拉城外
1594 （萬曆二十二年）	西督路易·達斯摩那（Luy Perez Dasmarinas）將五千名居住在馬尼拉的華人遣回中國（當時華人總數約有一萬名）。福建巡撫許孚遠亦遣人招還。當時在宿務的華人約有二百人，已形成一居留地區
1595-1596 （萬曆二十三年至二十四年）	西督路易·達斯摩利那於馬尼拉城外聖迦布烈之地修建八聯。1596年，有一萬二千名華人被放逐返回中國
1597 （萬曆二十五年）	八聯市場又失火，華僑財物損失慘重，西督替羅·郭士曼（Francisco Tello de Guzman）於距離舊址一百步處重建八聯市場。本年，呂宋島華人的總數約達一萬名
1599 （萬曆二十七年）	八聯市場的規模逐漸擴大，至此已有三百間以上的木造或竹造房屋，其中住有華人三千名以上
1602 （萬曆三十年）	八聯市場的房屋已增至四百間，人口有八千餘人；八聯市場的規模龐大，包含巴色河畔及沿城壁外郭等地方

　　總的來說，陳荊和著《十六世紀之菲律賓華僑》以菲國華僑為主線，縷述中菲、西菲、中西三條脈絡錯綜複雜的關係，從而展現出十六世紀以來歐洲國家在東南亞殖民的經過，是認識東南亞史以至東亞關係史的重要著作。在引述中國文獻記載的同時，以大量西文資料和日人研究加以補充和互證，大大擴寬了東南亞史研究的視野，是至為珍貴之處。除考訂翔實外，書中對林鳳海上活動的行蹤、馬尼拉八聯市場的景象、「潘和五事件」的來龍去脈等，均有詳細而生動的描述，讀者可以藉此提高研習華僑史的興趣。此書另有英文版，附索引，方便查閱，可以用來對照。

第二篇

明清時期之越南華僑

　　明末清初中國有大批人民南移，在越南近世史上較主要的，包括中圻唐人街的形成及其商業之繁榮，會安和各地明香社之成立，順化清河庯之建設及其發展，明鄭殘部楊彥迪（楊二）、陳上川（勝才）等之拓殖南圻，鄚玖、鄚天賜父子之經營河仙鎮，立功異域，在中國人海外發展史上佔有重要席位。

　　然而，自十八世紀後葉以降，越土經歷多次戰火蹂躪，古蹟遭破壞者不計其數，各種記錄和文獻珍籍遭毀滅者難以估計，致使往時華僑遺蹟能存留到現在的亦寥寥無幾。雖然在會安、順化、堤岸、河仙諸地，如耐心尋找，還可得見十七八世紀華僑發展史的若干陳蹟，其主要者，例如華僑或明香（鄉）之會館、寺廟、祠堂、墳墓之類。

　　陳荊和教授執教於順化大學期間，曾與越南考古院人員，就順化和會安區的華僑古蹟進行實地調查，並將兩地廟宇及華僑古墓之概況，撰文分別刊於《新亞學報》及《越南考古集刊》。其後，又據河仙屏山古墓碑文集，考證河仙鄚氏的世系。概括地說，陳教授關於十七八世紀越南華僑的研究，史事翔實，考證精審，從微觀描

述到宏觀視野，為學界和讀者提供了珍貴的參考。

第一章　會安唐人街之成立與發展

　　陳荊和〈十七、八世紀之會安唐人街及其商業〉，載《新亞學報》第 3 卷第 1 期（1957），頁 273-332。此文自〈前言〉以下，分為兩部分：（一）會安唐人街之概況（附沱㶞及順化之華僑區）；（二）會安貿易之變遷及阮府之餉務。

　　開宗明義，陳荊和教授即指出，現時南圻堤岸是華僑商業及僑居的中心，很少人知道在十七世紀初葉，南圻尚屬一片荒野時，廣南的會安已有一條唐人街，且為華舶通販之要津。會安又稱會舖（庸），位於廣南城東約八公里的秋盆河畔，離河口約五公里，向為廣南首要門戶。「自十六世紀後葉，華僑湊集此埠，外舶迭至，因而商業殷盛，與北圻之舖憲並稱，為十七八世紀越南代表之貿易港。」（頁 273）

　　1773 年，西山阮氏倡亂，戰火漫延，會安亦遭破壞，商業一蹶不振，華僑的損失不可勝計。在西山之亂期間（1773-1802），南圻嘉定成為廣南阮王復興及抗拒西山的基地，因而吸引了不少華商南移，柴棍（即今堤岸）的華僑街亦在此時建立；迨 1802 年，嘉隆王（即阮福映）擊滅西山阮氏，大定三圻，華人南赴嘉定從事開拓及營商者更多，奠定了日後南圻華僑發展的基礎。然而在另一方面，嘉隆王設都於順化（即富春），促使會安復興，華僑歸還者亦日多，惟不及往年之盛，其重要性亦頗為減少。

陳荊和教授在〈前言〉中強調：「雖是於整個十九世紀當中，會安猶不失為中圻首要港口，並維持了相當可觀的戎克船貿易。然自越南隸法後，順化為『安南王國』首都，且為法國理事長官常駐之地，一面會安之河道日漸狹淺，殊不適於近代火輪之航運，在如此先天條件之下，會安之貿易亦不免衰落，於是華僑漸漸離開會安，遷移南圻或集中順化營商，……。」（頁273-274）

第一節　會安唐人街之概況

會安貿易發展的要因，首推阮潢之善政及保護；第二個要因，是1567年明穆宗解除海禁。明穆宗聽從福建巡撫塗澤民奏請，准許商民出洋互市，但此令適用的範圍，只限於南海方面之出船及貿易，至於日本方面之渡海及銅、鐵、硝黃等重要物資之出口，仍在嚴禁之列。結果促使日本當權者豐臣秀吉及其後繼者德川家康自1593年繼續頒發「御朱印狀」給日本西南方面的「大名」及豪商，鼓勵他們差遣商船到廣南（會安）、馬尼拉或暹羅阿瑜陀耶（即大城），與南航的華舶從事交易，並由此獲得日本所需的物資。（頁278-279）

陳荊和教授於此文中指出，「中日間之斷交及禁運反而促進中日商人紛至馬尼拉及會安交易，並使這些港口成為變相的中日貿易中繼站之事實。會安之能夠急速繁榮，率多部分實由這種客觀條件所助成」。會安原為青霞、錦庸、茶饒、古齋、會安及明香（鄉）等社之地，其中最重要且最熱門之商業區為明香社，即本文所謂之

會安唐人街。據考，在十六世紀當中，明香社及其附近已為中國商客南來交易之處，但彼時之華商多在每年春季南渡，夏季則原船返航，鮮有僑居之人；該地之成為名符其實之華僑區，乃在十七世紀初年，尤其是明末大批中國難民到達以後之事。

相傳曾有十位浙江及福建籍的明人（分屬魏、吳、許、伍、邵、莊六個家姓）避亂走抵廣南，明香社人稱他們為「十老」或「前賢」，視為該社的創建人物。彼等抵此販賣藥種，其中有若干人則為風水師。經過一段時期，十老從升平遷往青霞社，於此建立了一間關帝廟，是廣南華僑移住史上最早的遺址之一。後復遷往青霞社，營建了一所共同的祠堂，稱為「祖亭」，亦稱「錦霞宮」。不久十老復遷錦庸、會安及古齋等社，在此三社的接境地方，收購了十四畝半土地，作為共同的居地，此乃明香社最早的土地，並在其東境建立關聖廟，西境建日本橋祠，北境建萬壽亭，而秋盆河為其天然南境。

「十老」定居於此後，又由中國來了三位人物，即冼國公、吳廷公、張宏公，社人稱他們為「三家」。來越之年代是在十七世紀初葉，殆無疑問，由於他們的申請，順化的阮府始正式承認明香為華僑的居留地，「明香社」之名則約在十七世紀中葉始告出現。（頁281-282）陳荊和教授認為：「這篇故事只可告知吾人阮主鎮守順化初期（即十六世紀後半），以十老為代表的貨商曾在升平，茶饒及青霞諸社居留營商，然至十七世紀初年則逐漸集中於錦庸，會安及古齋諸社；於此僑商收買土地，建置舖市，再經『三家』之苦心經營而成立『明香社』並獲阮府承認為純然之華僑居留地。」（頁283）

第二節　大唐街與日本街

　　釋大汕的《海外紀事》[1]有一段關於當時會安唐人街的記述：「蓋
會安各國客貨馬頭，沿河直街，長三四里，名大唐街。夾道行肆比
櫛而居，悉閩人，仍先朝服飾，婦人貿易，凡客此者必娶一婦以便
交易。街之盡為日本橋，為錦庯，對河為茶饒，洋艚所泊處也。」
據日僑於 1642 年向荷印公司提出的報告，除了做官的人之外，會
安約有四五十名日本人，華人則有四五千人，人數約為日僑的一百
倍。陳荊和教授指出，這個現象顯然是日本德川幕府於 1639 年採
取「鎖國」政策所引致之結果：

　　　　蓋自此年起，幕府嚴禁天主教之傳布及日人出洋，也不准
　　海外日人返國，僅許華舶及荷船至長崎交易，所以會安之日僑
　　也日漸減少，不出幾年，只剩下一批逃出海外之教友及若干商
　　賈，而中日僑民數目上之距離仍然存續。（頁 283）

　　半個世紀後，英人於 1695 年記述唐人街時說：「這是一條沿河
大街，夾路房屋相連，為數一百間內外，除四五家日僑之外，皆為

1　釋大汕《海外紀事》：釋大汕，廣東長壽寺僧。原姓徐，名石濂，法號大汕。康熙三十四
　　年（1695），應越南順化政權阮福澗之請，渡海赴越，在順化、會安一帶居留一年半，
　　次年秋回國後，將他前往越南的經過及見聞寫成《海外紀事》一書，於康熙三十八年
　　（1699）出版。此書共六卷，對十七世紀末越南中部順化阮氏政權的歷史，及當時的海上
　　交通、中越關係等，有一定的參考價值。

華人所居。往昔，日人為此地重要之居民，且許多人曾任港務官，而今則人口銳減，生活窮苦，所有貿易均為華人壟斷。」

　　綜合中文、日文、英文記載，陳荊和教授說：「吾人不難推想當十七世紀初年，大唐街與日本街顯為個別之區域；…… 及至一六五一年，…… 大唐街與日本街之區別已相當漠然，但日僑房屋尚有六十餘間；…… 然至一六九五年，…… 日僑房屋僅剩四五家，而釋大汕則完全未提及日僑之事，可知日本街幾為大唐街淹沒之事實。」（頁 285-286）此後約五十年間，幾無關於會安的史文可徵，直至 1749 年法人留下的記述，已不再提及日僑，可見會安已成為純然之中國城。

　　當時廣南全境華僑的總數約三萬人，會安經常有六千左右華人居住，彼等均為巨商，並向國王繳稅。1744 至 1750 年間，其數目激增至一萬人。陳教授指出，1744 年為第八代阮王福濶（即世宗，俗稱武王）正式即位稱王之年，此乃阮潢以來，阮氏首次稱王，重劃疆域，整頓政制；改鑄錢幣，獎勵商業；並參酌歷代制度，改衣服，易風俗；又大興土木，營造都城。逢此廣南國力鼎盛時期，往販廣南之華舶及華商必定大為增加。（頁 288）

第三節　沱瀼及順化之華僑區

　　陳荊和教授此文亦提到廣南營以外的華僑居留地 —— 沱瀼（Tourane）及順化。前者為歐船停泊之處，唐人街的規模很小，據日本「卷物」（連繪），有三排簡陋的茅屋，稱為「寄舟小屋」及

「寄舟唐人町」，似是船戶及過境商客暫時留住的地方。至於順化，以唐人街最為整齊，房屋依照中國樣式，並建有一條宏壯的敷石大路。

順化城共劃十二區，除了王宮及其周圍的正府、上府、禁府、池府外，其餘八區，均以區內特殊的行業為名，如鑄錢區（錢坊）在富春河南岸，皆雜居僑寓；「舖」即外國商業區，指順化清河庯，即華商客寓之區。

第四節　會安貿易之變遷

十七世紀初葉，中日民眾為往販廣南之主要外商，而值得注意的，就是在廣南與這些商客們周旋的土著商人則多為婦女。明代張燮著《東西洋考》[2]，就有這樣的記述：「順化多女人來市，女人散髮而飛旁帶，如大士狀，入門以檳榔貽我，通慇懃。」其他類此的記載亦多。

除中日商舶外，每年來航外舶之重要者，就是由澳門開來之葡萄牙船。葡人是最早與廣南通商的歐人，因未曾組織如荷、英、法諸國人的東印度公司，故亦未曾開設固定的商館於廣南，惟派賈辦或商務代表常駐廣南，採購生絲、胡椒、沉香等物資，及在交易時

2　張燮《東西洋考》：張燮，字紹和，福建龍溪（今龍海）人。《東西洋考》十二卷，萬曆四十五年（1617）成書，記載海外諸國的歷史沿革、物產和交易等情況，是研究當時東南亞地區的重要參考書。書中亦有關於中外貿易和中外交通的記載。

期充當通譯或聯絡官衙而已。葡商與廣南官憲之間頗能合作，通商關係亦未曾間斷。（頁 293）

十七世紀初葉，廣南華僑與暹羅之間也建立了通商關係。自日本實施「鎖國」、日舶不再南航之後，日本所需之暹羅產鹿皮及沙魚皮，遂由廣南華商接濟。荷印公司與華商在廣南的交易及合作，亦值得注意。惟因荷印公司會安商館時而關閉，時而重開，1654 年荷人撤離廣南，華商與荷人的商務關係隨而疏遠。（頁 295-296）

文中亦予指出，1661 年（順治十八年）清廷於東南沿海實施立界，1678 年（康熙十七年）又強行遷界，目的在防遏明鄭勾結東南民眾以獲兵糧，結果反使鄭氏商舶遠航東京、廣南、暹羅各地，積極進行貿易。其時僑寓會安或與會安通商之明人或明商頗多，較著聞者為朱舜水、魏九使兩人。朱舜水自 1646 至 1658 年僑居會安，惟與廣南商務無甚關係。魏九使（1618-1689）寓住會安十二年，其後赴長崎歸化日本，仍與廣南維持商務。

1685 年（康熙二十四年）清廷撤消遷界令，解除海禁，中南間的商業關係，也隨之完全改觀。從此東南沿海官民代替鄭氏商號，陸續艤船出洋，駛往長崎及南洋各港口，商舶數目及貿易額均告上升。1750 年前後，會安貿易達於鼎盛時期。華商舶來之貨，多為折銅、瓷器、茶、藥等；廣南土產之最佳者則為糖，盛產之期是在七月底，亦即客商忙於搜購，以運回中國之時。（頁 302-303）

接着，文中說明了阮府管理船務及對外貿易的官員、外舶進港時的手續和定例等。所述多據越南漢文史籍《撫邊雜錄》，此書作者是後黎朝後期北方鄭主政權的著名官員、學者黎貴惇，1776 年任

命為順化府協鎮，就其見聞、經歷及所得資料，介紹了順化、廣南等地的情況。在西山之亂時期，會安受破壞的情況甚為慘重，然其對華貿易，並未完全停頓。

　　此文有註釋百餘條，詳細交代了引文的出處等，末附三個補註，補註二尤應細讀。陳荊和教授指出：「明香社之名在《撫邊雜錄》（卷四）之中與會安、崎占、錦庯及廊鈎等社名並稱，確為會安鎮最古社名之一，其出現之年代似可溯至十七世紀初年。而值得注意的，就是此名始終與華僑及華裔不可分之史實。」（頁 328）補註中對於明香社其後的演變，亦有概略的說明。

第二章　承天明鄉社與清河庯

　　陳荊和〈承天明鄉社與清河庯：順化華僑史之一頁〉，載《新亞學報》第 4 卷第 1 期（1959），頁 305-330。〈前言〉以下，分為五部分：（一）清河庯創建之年代；（二）清河庯之沿革；（三）清河庯之商業、捐稅及各種服務；（四）天后宮之建立；（五）清河庯之衰微及新華僑區之形成。

　　承天明鄉社位於順化城北三公里香江之畔，是明末南渡的華商創建，初時稱為「大明客庯」或「大明客屬清河庯」，是十七八世紀順化的港口及商業區。惟現時的居民已完全改從越俗，與越南一般村落幾無二致。據 1945 年調查，居民的家姓仍保存深厚的中國血統，史蹟方面則尚存一座天后宮及若干祠堂。陳荊和教授曾應聘到順化大學任教，有幾次到明鄉村調查，根據所蒐集的史料，撰著

此文。

　　越南歷朝對外國商賈採取一種隔離政策，不准外商及船客寓居京城，而指定若干地點為居留及營商之處。古來通販越南的商賈十九為中國人，1149 年（李英宗大定十年）雲屯開港，中國商舶之販越者只至此地，而鮮至其都城，1428 年，黎利（即黎太祖）擊攘明軍，收復越土，亦指定雲屯、萬寧、芹海、會統、會潮、蔥嶺、富良、三哥及竹華諸地作為華商之居地，嚴禁擅入內鎮。十七世紀中，越南演成鄭阮兩主南北對立之局面，北圻的鄭主准華商與葡、荷、英、法各國公司及商人搆庯及設商館於憲南，並嚴格管制雲屯及憲南之華商出入京城，憲南遂成北圻華僑的中心。（頁 306）

　　南方的阮主雖原則上沿襲傳統政策，實際上對南渡華商及華僑的管制較為寬鬆，阮主早以廣南省的會安為對外貿易港，准中日商民僑居與營商；另一方面，自從阮潢（即仙王）蒞任順化值守以後，也准許華商抵首府附近互市並設舖僑居，此乃順化清河庯得以建設的歷史背景。十六七世紀之交，中國商販載往順化的主要貨物，為生絲、銅、鐵及瓷器；《東西洋考》亦載：「土人嗜書，每重貲以購焉。」

　　陳荊和教授綜觀諸條記載，認為「吾人可斷言清河庯設立之年代當在一六三六年阮主福瀾（上王）自福安遷府於金龍之後數年之間。其理由不外為：第一，自阮府遷往香河沿岸之金龍後，南渡華舶絕無捨就近之香河河口（即順安）而仍舊駛入廣治河之理。……第二，清河庯前面之香河河面，寬濶而水深，最適於大船之停泊。第三，清河庯位置於金龍至香河河口之中間，可為金龍對外之理想

門口」。（頁 209）

第一節　清河庸之沿革及其商業

　　清河庸原為香河的一處沖積地，1658 年始獲阮主正式公認為明商的僑居地。原先的地皮僅一畝許，1669 年擴至七畝多，其中六畝許在清河社地界，其餘則在地靈社。後來僑商在地靈社地界購得四畝許的河岸增建商舖，足見清河庸逐漸向順化城的方向發展。該庸的房屋原係沿江的一排草房，坐西向東；後來在河岸的培土處增建一排草房，變成夾道櫛比的一條商街。1700 年左右獲阮主特許，改造甎房以便於防火，此等甎房在交易期間，率多租給南來的中國商客。

　　在阮主時代，清河庸一直附屬廣南會安庸；然在西山佔據時代（1786-1802），兩庸被分離而成立個別的行政單位，分稱明香（社）清河庸、明香（社）會安庸。在 1700 年以前，清河庸已享有相當的自治權，並有「清河庸」或「大明客屬清河庸」之稱。陳荊和教授指出，「清河庸之成為獨立之明香社顯然在西山時代」，又謂「明香社之設立與會安、清河兩庸之分離當在同一個時期，並可視為西山阮氏為便於管制土生華僑而採取之處置」。然而在地政上，明香社清河庸仍屬於清河社，1815 年始成為一個獨立的行政單位，只稱明香社，不再加清河庸字號。1827 年「明香」均改為「明鄉」，因此承天明香社亦改為承天明鄉社。（頁 311）

　　清河庸在商業上的地位，不過是會安庸在承天地方的轉運港口

乃至分銷處；直接由中國駛抵清河庯通商的船隻，似乎較少。由於
清河庯的僑商及土生華僑大多有教養，精通內外商情，並有製作精
巧工藝品的技能，故阮府時常委託他們擔任特殊的工作。除公家的
服務外，阮府亦利用僑商為仲人，以便於推銷專利物產如胡椒、沉
香、燕巢，或採購王府及貴顯所需的海外物資。在阮主時代，清河
庯所繳的稅款較為輕微。至 1898 年，明鄉社稅例始與普通越南村
落相同，「可謂明鄉社之越化乃告完成。」（頁 315）

　　清河庯歷史上的一件大事，是天后宮的建置，其建立年代，推
斷是在 1685 年（黎正和六年）。當年天后宮的規制頗為宏壯，有
正殿、前堂、兩邊左右長廡，前有三闕。後有破壞，1959 年重修
竣工。現天后宮之左傍，有一所小廟，題曰「文明陳公廟」。按：
陳公是明鄉社耆宿陳踐誠，歷任工兵兩部尚書及文明殿大學士。天
后宮是在 1870 年前後，因陳踐誠之供奉始有香火田土，重修之經
費，是用這些香火田土的收入。（頁 318）

第二節　新華僑區之形成

　　清河庯在阮主時代末期猶為順化最繁華的商業區，但經過西山
時代而至嘉隆初年，其情況就不同了。清河庯之衰微乃至荒廢，實
由於華商遷往別處所致，主要原因有二：第一，西山政權之剝削；
第二，庯前中洲（即明鄉洲）之生起。明香清河庯多半之商客於西
山時代末期業經遷往別處，順化營市有福建會館，早於 1794 年已
建立，最早由福建幫長許新發等所立。陳荊和教授認為：「是則清

河庯福建幫遷往營市之年代，至晚應在 1794 年始合邏輯，再顧及福建幫為十七八世紀時會安及清河最大之同鄉組織，則可推想在西山晚年，清河庯主要之商行已不復在清河庯矣。」（頁 320）

在嘉隆年間（1802-1819），華僑商業中心已自清河庯移到褒榮市，此市位於香河左岸，與清河庯、地靈兩社毗連。據 1819 年繪《順化河圖》，約自清河庯天后宮至褒榮市之間，繪有幾排房屋，註明是「華商大市」。另據其他地圖，可知嘉隆末年營市及東會一帶已成為順化的重要商業區。根據 1876 年的文獻，北越東京地方的華僑最多，惟其數目未達一萬；安南地方各省，平均不達五百人。就順化省而言，在順安約有二百名，其中有一百五十至一百八十名居於得市，另有約二十名居其附近。華僑的數目雖少，但他們已壟斷了所有大商業。華商來自不同省份，如海南、廣東、福建等，雖各屬不同宗教的同鄉會，但他們之間的團結極其鞏固。明顯可見，此時期得市及營市一帶的華僑已獨佔了越南的大商業。（頁 323-324）

第三章　清初鄭成功殘部之移殖南圻

陳荊和〈清初鄭成功殘部之移殖南圻〉上、下，載《新亞學報》第 5 卷第 1 期（1960），頁 433-459 及第 8 卷第 2 期（1968），頁 413-485。全篇自〈小引〉以下，分為八個部分：（一）南移明鄭船隊之陣容；（二）東南海上之雄 —— 楊彥迪；（三）楊彥迪所部南投之年代；（四）高棉政局之分裂與明鄭部隊之拓殖（1682-1685）；（五）黃進事件始末（1685-1689）；（六）陳上川所率龍門部隊之活

動與阮府南進之挫折（1689-1697）；（七）嘉定府之設置與陳上川之去世（1698-1715）；（八）陳大定之冤案與龍門部隊之解散（1715-1733）。此文可加深對明鄭史事之認識。[3]

　　明清鼎革之際，明朝遺臣紛紛南奔，或依靠北圻的鄭主，或投寓阮主治下的廣南，或遠投高棉、暹羅；尤以明鄭退據東寧，清廷施行遷界、展界等一連串封鎖政策後，鄭氏的商舶紛至日本、東京（北圻）、廣南（中圻）、高棉及暹羅，搜購軍火和運輸糧食，一時稱霸於東南海上。三藩之亂甫定，東寧鄭氏政權搖搖欲墜，有大批明鄭的海上部隊歸投廣南阮主，並入殖於南圻東浦之地，即今邊和與美湫。高棉二王（副王）匿嫩便與這批集團移民提攜，聯合侵寇正王匿秋；廣南阮主又乘棉國內訌，屢次動兵佔取土地，致使廣南領域日益擴大，而入殖之華人不避艱難，闢地開荒，構立舖市，東浦地方的商業和交通因而日漸發展起來，各國商舶湊集，稠人廣

3　明鄭：指臺灣鄭氏政權。1646 年，鄭成功（1624-1662）反對其父鄭芝龍降清，曾在南澳（今屬廣東）起兵，從事抗清活動。後以金門、廈門為根據地，南明永曆政權封他為延平郡王。1659 年，他與張煌言聯兵北伐，在南京城外戰敗，被迫撤退。1661 年，鄭成功率領將士十二萬五千人，乘坐戰船三百五十艘，自廈門出發，橫渡臺灣海峽，經澎湖，在臺灣西海岸禾寮港（今臺南港）登陸，圍攻荷蘭總督所在地赤嵌城，擊潰其援兵。經過八個月的戰鬥，於次年迫使盤踞臺灣三十八年的荷蘭殖民者投降。鄭成功收復臺灣後，建立行政機構，安定社會秩序，廣招大陸居民到臺灣墾荒，推行屯田，又慰撫高山族，幫助他們推廣先進的耕作技術和發展生產，從而促進了臺灣的社會經濟。但鄭成功在五個月後病逝，其子鄭經（1643-1681）於 1662 年嗣延平郡王之位。他用陳永華主政、劉國軒主軍，據守臺灣。三藩之亂時，乘機進兵福建、廣東。1680 年退回臺灣，次年病死。馮錫範等擁立鄭經之子鄭克塽（1670-？）嗣延平郡王位，當時他只有十二歲。1683年為施琅所敗，降清，隸漢軍正紅旗，封公爵。臺灣鄭氏政權至此結束。

眾，至 1698 年（康熙三十七年），阮主明王（即阮福淍）因而開置嘉定府。（頁 434-435）

　　嘉定府是阮主在南圻最初的行政機構，其設立乃明鄭部隊移殖的成果。由於他們的開發，使阮主領屬湄公河前江及後江全部沃土，奠定了其後西貢（今胡志明市）堤岸及南圻各埠商業繁榮的基礎。陳荊和教授此文就這批中國集團移民的構成分子、入殖年代及其活動之概況等，綜合中、越、日、歐諸文相關史料加以論考。

第一節　南移明鄭船隊的陣容

　　清初奉鄭氏號令的海上勢力中，一個較有特色的人物是楊彥迪（？-1688），俗稱楊二，當初為東南沿海著名的海盜，後歸屬鄭氏，參加抗清戰鬥。明鄭政權瓦解前夕，他率部走奔廣南，並入殖南圻，為明鄭遺民開闢了一個新天地。

　　《大南寔錄》前編卷五載，故明將龍門總兵楊彥迪、副將黃進、高雷廉總兵陳上川（？-1715）、副將陳安平率兵三千餘人、戰船五十餘艘，投思容、沱瀼海口，自陳以明國遺臣義不事清，故來願為臣僕，不忍拒絕，東臘國東浦（嘉定古別名）地方沃野千里，朝廷未暇經理，使闢地以居，仍各任以官職。（頁 436-437）其地有部分已為安南移民所佔，且被視為安南領域。楊彥迪不滿所指配之地，而選定美湫；其副將陳氏則接受所配之地，入殖婆地。

　　據載其事約在 1679 年或 1680 年。楊彥迪因被清兵所敗，率領殘餘的二百艘船奔投廣南，途中遇上暴風，僅剩五十艘及兵員

三千。越南史書上所記的職稱，可能是他們的僭稱或吳三桂所予者。陳荊和教授經考證後認為，楊彥迪所部之移殖南圻，是在 1683 年（康熙二十二年）鄭克塽降清之前。（頁 454）

此論文下篇，續敘高棉政局之分裂與明鄭部隊之拓殖，指出阮府對楊彥迪率部隊到來的決定，可以達成三個目標：（一）盡道義責任及地主之誼；（二）借此扶植勢力於東浦地方；（三）隔離這批情偽不甚明瞭的武力集團。（頁 414）楊部抵東浦後，與其結盟的是在柴棍的、親阮的高棉二王匿嫩，而非一向親暹的高棉正王匿秋，二人正處於敵對狀態。

第二節　明鄭部隊之拓殖

據《海國聞見錄》作者陳倫烱所述[4]，其父陳昂曾隨施琅參加征臺之役，明鄭歸服後又承施琅之命，往南海各處訪查隱匿各海島的鄭氏殘部，為時五年之久。陳荊和教授指出：「由此可推知清廷曾採取較溫和之招撫政策，派出若干官員以促鄭氏殘部歸順。不過，如此措置對於殘留柬埔寨之明鄭部隊並未發生效果。」（頁 419）

4　《海上聞見錄》：陳倫烱（1687-1751）撰於雍正八年（1730）。上卷八篇，記述天下沿海形勢及東洋、東南洋、南洋、小西洋、大西洋等；下卷地圖六幅，包括〈四海總圖〉、〈沿海全圖〉、〈臺灣圖〉等，是一部綜合性的海洋地理著述。《四庫全書提要》謂陳倫烱：「父昂，康熙二十一年（1682）從靖海侯施琅平定臺灣。琅又使搜捕餘黨，出入東西洋五年。」

高棉自 1674 年匪烏苔叛亂事件後，分立兩王，即正王匪秋和二王匪嫩，並演成暹羅及廣南兩勢力在高棉對抗的局面。楊彥迪所部到達東浦，高棉兩王之間的勢力均衡就被打破了。暹王亦派專使勸喻楊部撤離高棉，前往暹羅。

陳上川所部入殖邊和大舖洲，是在 1682 至 1683 年之間，所以建關帝廟是在 1684 年，陳上川及其部分建設的農耐大舖是一個純然商業性的市鎮，在柴棍舖（即今堤岸）成聚以前是南圻最大的都會。鄭懷德《艮齋詩集》自謂原籍福建省福州府長樂縣福湖鄉，顯祖鄭會當滿清初入中國時，不堪變服剃頭之令，留髮南投，客於邊和鎮福隆府平安縣清河社，竟成鹿洞（即農耐）巨擘。鄭懷德祖姒王氏儀、鄭氏外族祖林祖觀都是陳上川時代農耐大舖的初期居民，該舖居民大多為閩籍。（頁 424）

但明鄭殘部南移後不久，楊部發生內訌，副將黃進殺害楊彥迪，代領楊氏所部，擅離防地，引起阮府懷疑，致被阮軍討滅。其事是在 1685 至 1689 年。

第三節　陳上川所率之龍門部隊

以阮府的立場來說，打倒黃進是阮軍南征的第一個目標，接着便下令邊和的陳上川代領華人部隊，並以此部隊為先鋒，進攻幽東的正王匪秋。越南史籍都以楊彥迪為龍門總兵，因稱隨他南來的人員為「龍門將士」、「龍門之眾」或「龍門餘眾」。陳上川所率龍門部隊進攻匪秋，燒斷橫江鐵鎖，連克碧堆、求南、南榮三壘，匪秋

退保龍澳城。阮軍行動部分受到挫折，終而按兵不動。

　　當時阮府南征軍將領之間，有鷹派與鴿派，彼此對立，主將枚萬龍屬於鴿派，其消極態度為阮府所不滿，改以阮有豪為阮軍新帥，但易帥後的阮軍卻躊躇不前。（頁 438-439）陳荊和教授於文中指出，逼使阮軍撤離柬埔寨之主因，當是暹羅援軍之全力支持匿秋。1689 年及 1690 年，阮府曾兩次增派將士赴柬，但未能獲得任何效果。其後匿嫩病逝，嗣子幼沖，出奔廣南，求阮王保護。

　　阮軍撤回廣南後，陳上川所部的龍門餘眾仍駐留湄公河口，但人數減至四五百人，僅有六七艘船。1695 年，陳上川率其部屬重新出現於柬埔寨河口，從事控制往販柬埔寨的船隻。

第四節　嘉定府之設置

　　嘉定府是阮主、也是越人政權在南圻首設的行政機構，在南圻開拓史上佔有特殊的重要性。1698 年，阮府催促匿秋恢復貢禮，不被接受，籌備遠征軍，於 1700 年開戰，在阮有鏡、陳上川指揮下，攻佔南榮（即金邊），匿秋來降，乞修貢職。阮府首設嘉定府，當在此年。後因柬埔寨政局復趨緊張，陳上川的名字又見阮朝史書，1711 年時，他已任藩鎮營總兵。1715 年病逝，阮府追贈輔國都督。陳將軍祠共有五處，可知越南官兵及華裔紳商對其敬慕之情。

　　陳上川自 1700 年嘉定府之開設，就擔任阮府之統兵或總兵。其子陳大定以父蔭，歷官統兵。1731 年，陳大定率領龍門屬將轉戰

於高棉，馳驅前線，但遭阮軍統帥張福永誣讒，捏造事實，招致無妄之災，成為代罪羔羊，在牢中病逝。所幸南阮諸將中，尚有阮久霑仗義執言，主持正義，因而挽回陳家之名譽。（頁 425-476）

陳大定娶河仙都督鄚天賜之妹為妻，生子陳大力（亦名文方）。陳大定冤死後，其夫人攜眷離藩鎮營，為後日河仙勝水隊之核心。龍門部隊之解散，在南圻社會中引起衝擊。其後張福永降職，竭力為陳大定辯護的阮久霑被任為鎮邊營統兵，阮府對於陳大定事件的善後處理，似亦顧及當地華僑的態度與情緒。（頁 475）

陳荊和教授〈清初鄭成功殘部之移殖南圻〉這篇長文，分兩期在《新亞學報》上發表，共達百頁，有如一冊專著，徵引繁富，對明鄭殘部轉戰東南亞及開拓華僑社區的事蹟，搜羅各國記載，考訂精翔，可補中國獻籍記載之不足，在明清政治史、經濟史以至華僑史研究等方面，都是不可多得的重要論文。

第四章　鄚氏父子之經營河仙鎮

陳荊和〈河仙鄚氏世系考〉，載《華岡學報》第 5 期（1969），頁 179-218。此文自〈小引〉以下，分為兩部分：（一）越南史籍所載之鄚氏世系；（二）屏山鄚氏墓碑集釋。文末附鄚氏世系表。

關於鄚氏南投之年代，學者意見不盡相同。陳荊和教授認為當在 1671 年（康熙十年）左右，鄚氏初到高棉（真臘、柬埔寨）任其「屋牙」（即大臣）；其後請領 Banteay Meas，在此間開設社村，招中、越、棉流民入殖開墾，其年代約當 1700 年（康熙三十九

年）。此地原屬高棉，鄭氏任其鎮守，但因高棉內訌迭起，暹羅之侵寇亦頻仍，所以鄭玖於 1708 年（康熙四十七年）歸附廣南之阮主，任為總兵，並把該鎮改名為河仙。河仙雖為阮主之附屬，但阮主卻未曾過問其內政，完全任由鄭氏自治自理。鄭玖娶了南圻邊和的越籍婦人阮氏（一作裴氏廩），生一子名天賜。（頁 180）

　　鄭天賜不但在政治、外交方面才幹甚高，而且能文工詩，自從 1735 年繼任河仙鎮都督以後，直至 1778 年為西山阮氏所逐，亡命暹羅，四十三年間，努力建設河仙，使之成為南中國海的華僑小王國，清代史書稱為「港口國」。陳荊和教授說：「以政治立場而言，河仙向廣南朝貢，且帶有越、棉、暹三國間緩衝國之性格，但從文化上而言，河仙乃繼承明代中國之傳統。〔鄭〕天賜盡力提倡文教，主持詩壇，促進中南文化之交流，使河仙成為中國傳統文化之前哨，宛然是一個小中國。」（頁 180）

　　河仙的社會情況，詳於《清文獻通考》。[5] 陳教授進而強調，「值得我們注意者是：河仙之鄭天賜、暹羅之鄭昭、宋卡（Songkla）之吳陽、坤甸（Pontianak）之羅芳伯均屬同一時代人，分別擁有廣東（雷州）、潮州、福建及客家之同鄉集團以從事各地之拓殖及經營。尤其鄭昭與鄭天賜之關係堪稱今後印度支那華僑史上最重要的研究課題」。（頁 181）

　　概略而言，鄭昭與鄭天賜均為華裔出身而成為當地的國王或主

5　《清文獻通考》：清代張廷玉等奉敕撰，後嵇璜、劉墉等奉敕撰，紀昀等校訂，1787 年（乾隆五十二年）成書。內容記載自 1616 年清朝建立至 1785 年為止的典章制度。

權者，當初彼此頗為友善，及後在高棉和暹羅所發生的許多事件，
致使兩者的利害對立，逐漸由敵對以至交戰。1771 年，河仙為鄭昭
所攻陷；兩年後，鄭昭始將河仙交還鄭氏。兩者之間不久即恢復和
好，且在西山之亂發生後，1778 年，鄭天賜率家眷及部屬亡命暹
羅，依靠鄭昭。但 1780 年鄭天賜被嫌疑而自殺，大多眷屬亦被鄭
昭殺害。不出兩年，1782 年，鄭昭為逆臣所弒。陳教授慨歎地說：
「鄭昭、鄭天賜兩位叱吒一時之風雲人物均死於非命，假使他們能
夠開誠合作，中南半島之近世史可能改觀了。」（頁 181）

第一節　鄭玖姓氏之由來

　　鄭玖（1655-1735）的名字，華僑史家多作「敬玖」，越南官方
史書及鄭氏家譜，都作「玖」。據鄭懷德《嘉定通志》，鄭玖原籍
廣東省雷州府海康縣黎郭社；鄭氏原姓莫，鄭玖歸屬廣南阮主後，
為避免與越南史上篡奪黎朝的莫氏（1527-1592）混同起見，特將
「莫」字加「邑」旁而成「鄭」字。「鄭」為阮主所賞賜之姓，無容
置疑。（頁 181）

　　鄭玖之子幼名琮，字天賜，號士麟氏、樹德軒。其生年，據陳
荊和教授推考為 1700 年，至 1780 年遭難，與其父鄭玖同壽。鄭天
賜子女數目眾多，世子鄭子溁及其二弟鄭子淌等均被害，季子鄭子
洗及其弟鄭子浚、子添，姪公柄、公榆、公村、公栖尚幼，暹大臣
杏柯羅歆（元帥）見而憐之，救得免，徙遠邊。1782 年鄭昭為其
臣所弒，暹大將質知自立為佛王，即曼谷王朝拉瑪一世王，始召鄭

子淙等回望閣（曼谷）城養贍之。1784 年春，其王駕幸望閣，因念功臣遺裔，乃授鄭子淙參將，時年方十六歲。同年，阮福映（即日後的阮朝世祖嘉隆帝）為西山所逐，亡命曼谷，鄭子淙出來謁見阮主，隨他返越，被任為河仙鎮參將，管理兵民事務。

可是，這年阮軍反攻西山軍事失利，鄭子淙奉國書往暹關報；翌年夏，阮王再度亡命曼谷，留暹兩年。1787 年，阮王復歸南圻策劃恢復；暹王派鄭子淙返守河仙，但任期不長，於次年中去世。暹廷應阮王要求，將鄭公柄、公楡、公材及鄭天賜長女（氏濚）、次女（氏哈）等人，奉鄭天賜及參將子溶骸骨於 1789 年返越。鄭公柄回國後，阮廷授為龍川留守，令駐龍川道，蓋河仙鎮僻處遐陬，久經兵燹，人民猶未完聚。暹廷以阮王不履行諾言，提出抗議，阮方遂改派鄭公柄返河仙任鎮守，並歸葬鄭天賜、子淏、子溶之遺骨於屏山。

據陳荊和教授考究所得，謂公炳歸葬鄭天賜父子之年代，以1791 年似較有可能。尚有兩件事值得注意：其一，子潢並非死難於暹羅，實際上活到 1820 年；其二，屏山並無子淏及子溶之墓，所以歸葬鄭天賜父子遺骨之真相，尚有待進一步研究。（頁 184）

第二節　暹越爭奪河仙的主權

鄭公柄棄河仙潛回龍川後，暹王派陳亨父子據守河仙，但因人心叛離，乃召鄭天賜第四房妾與其子鄭子添，送母子回越鎮守河仙。鄭子添前往嘉定謁見阮王，任為河仙鎮守，此時期之河仙，顯

然是暹越共管之地。1807 年，阮廷遣鄭子添赴暹，而以公榆權領鎮
務。1809 年子添卒，阮廷藉辭公榆有事下議，公材、公栖輩尚幼，
另派吳依儼、黎進講領鎮事。暹方提出抗議，然因越廷態度堅決，
摒棄向來的政策，不令鄭氏子孫世襲河仙鎮守，而由阮廷直派其他
官員，以此奪回河仙的控制權。

　　但自阮廷改派中央官員以後，守臣不事職責，鎮官私鬥不息，
六年後，1816 年乘河仙協鎮黎文元卒，阮廷即以鄭公榆為河仙協
鎮，兩年後升為河仙鎮守。換言之，鄭子添死後九年，河仙復由鄭
氏子孫出任鎮守。其後的情況，所傳甚少，鄭氏不再參與河仙鎮
政，僅主持鄭氏忠義祠之祀事而已。據屏山墓碑，鄭氏第五世為伯
坪，第六世為子欽，子欽有兩女氏香及氏蘭（南蘭）。陳荊和教授
撰此文時，謂氏蘭年紀已大，而仍代父看守忠義祠。（頁 184-185）

　　鄭氏忠義祠位於屏山東南丘陵之下，坐西北向東南，祠前有半
月蓮池，《大南一統志》稱此為「鄭三公祠」，祀武毅公鄭玖、國老
鄭天賜、理正侯鄭子泩三位。殿內兩旁牆壁抄錄鄭氏遺著《鱸溪閒
釣賦》、《河仙十詠》等文章，「然風蝕雨潰，已成斷簡殘篇矣」！
（頁 186）

第三節　鄭氏經營河仙的新史實

　　屏山（俗稱陵山）上有四十五處鄭氏宗族及相關人物的墳墓，
文中逐一予以解說。陳荊和教授並根據這批材料，提出鄭氏經營河
仙的若干新史實。首先，是墓碑大多屬於十八世紀，年代最古者為

1712 年，而以鄭天賜時代最多，有二十六件。鄭天賜提倡文學，與他唱和的詩人墨客為數不少，相傳主要的有十八個人，《河仙十詠》中的三十一位中越名士，應該包括他們全部或部分。

鄭天賜的生母是阮氏，或謂是裴氏，阮裴二氏是否同一人，尚無其他史料可資判斷。鄭天賜的妻室，史書記載僅有阮氏；側室之中，吳氏、黃氏二人均為華籍，其餘似都為越籍。（頁 211-216）

第三篇

越南華僑文獻資料論考

　　明末遺民之中，朱舜水在日本的事蹟較為人所知悉。日本學者稻葉君山（岩吉）曾刊行《朱舜水全集》（1912），在中國則有湯壽潛、馬浮刊行《舜水遺書》（1913）。梁啟超編《朱舜水先生年譜》（1923），引起學界對朱舜水的注意；日本歷史學家石原道博撰有多篇關於朱舜水的論文，著《明末清初乞師之研究》（東京：富山房，1945)、《朱舜水》(東京：吉川弘文館，1961) 等，成為這方面之集大成者。

　　朱舜水曾赴日本七次，而赴會安亦有六次之多，則為人所忽略，其《安南供役紀事》記錄他在越南活動的事蹟，陳荊和教授撰有〈朱舜水《安南供役紀事》箋註〉，載《香港中文大學中國文化研究所學報》第 1 卷（1968），頁 208-247。此文不但使朱舜水研究更見全面，亦為明末清初時期的越南華僑史事補上一筆。

　　清初釋大汕的《海外紀事》，是中越關係史上另一段插曲，陳荊和教授對此書的重視，是有其前瞻性的。越南阮朝元老鄭懷德的《艮齋詩集》，內容亦涉中越關係，鄭氏系出華僑名門，其事蹟反映了越南華僑在上層社會的政治和文教活動。陳荊和教授將此詩集付

梓，並撰文述其人其事。

　　陳荊和教授於順化大學任教期間，對明清之際朱明遺民流寓
越南建立的華裔社區 —— 明香社（後來改稱明鄉社）甚感興趣，
其研究成果初刊於《新亞學報》，其後撰成專著《承天明鄉社陳氏
正譜》。此書不但記載明末清初一個華裔家庭在越南繁衍生息的歷
史，從中亦具體地印證了越南華人社區的活動情況。

第一章　朱舜水《安南供役紀事》

　　陳荊和教授在〈朱舜水《安南供役紀事》箋註〉的〈前言〉中，
首先指出中日兩國學人注意朱舜水[1]當有兩種緣由：「第一，舜水處
於明末動盪時期，終生以明遺臣自居，不忘明室之復興，對南明政
權抱着不貳之忠誠，其篤守大義名分的孤忠精神，令人深為感動。
第二，他在海外十數年，僕僕風塵於日本、越南之間，後因不得
志，韜晦東瀛，作為水戶藩主德川光圀之賓客，一面傳入陽明學之
真髓以促使日本儒學水戶學派之發展，一面鼓吹忠君愛國、七生報

1　朱舜水（1600-1682），明末清初中國學人，生於浙江餘姚。在儒學、文學方面有深厚造
　　詣。清軍入關後，他為反清復明，奔赴於舟山、長崎、越南之間。鄭成功攻南京失敗及
　　舟山失陷後，朱舜水於 1659 年冬赴長崎定居。1664 年應水戶藩主德川光圀之邀，前赴
　　江戶（今東京），繼而到水戶（今茨城縣）興辦教育，講解儒家經典，傳授中國禮儀，
　　並指導農藝、園藝。德川光圀設館撰修《大日本史》，任朱舜水的弟子安積覺為史局總
　　裁。朱舜水主張實理實學，經世致用，水戶學的實學主義、尊王思想和正名論，均受其
　　影響；尊王思想在其後的倒幕維新事業上，起了相當作用。

國之精神，以為後日尊王攘夷思想發生之基礎，且為推進明治維新動力之一。」（頁 208）

文中繼而指出，朱舜水這樣的人生觀乃至政治道德觀念，並非他所特有，而是當時流亡海外的中國人士所共有的，可說是一種時代精神，不過有強弱之別而已。流亡東南亞的明鄭或南明人士，大多是不屑接受滿清統治，或抵抗滿清政府變服薙頭之令，南奔後的生活態度可分為三個類型：

第一類型：如明鄭水軍禮武鎮總兵楊彥迪（楊二）及陳上川（勝才）一行三千餘人的集團；或如建設中國色彩深厚的河仙鎮、維持八十年自治政權的鄭玖、鄭天賜父子。即以一種亡命集團，依靠當地政權，甘為附庸，任其差遣以圖生存者。

第二類型：如阮朝功臣且明香出身的鄭懷德及其祖父鄭會；或如陳養純南奔後在明香社或清河社從商以維持生計，或如行醫的蔣漸遠、鬻畫的林明卿，都是以其專長為生活手段者。

第三類型：如徐孚遠（安痷公）或朱舜水，以遺臣來抵越土，但執義自高，堅決不妥協，不肯與當地官憲合作，因而離越他往者。這一類型的人士數目極少，因其道義觀念及個性特強，言動超出現實，幾乎近於逸脫常軌，所以被後世稱之為義士、志士、逸士甚至烈士。（頁 209）

第一節　屢徵不就與海外經營

朱舜水生平事蹟之中，比較清楚的部分是 1659 至 1682 年，即避地日本至在江戶（今東京）去世的二十三年間，至於赴日本前的一段時間，尚有不少疑問及不明白之處，有待考證和補充。他與南京福王和舟山魯王都有關係，也曾參加鄭成功發動的南京攻圍戰，與鄭氏有若干連繫，惟未詳其具體情形。而 1643 至 1650 年的七八年間，先後十二次蒙福王、魯王徵召或薦辟，但固辭不受，概以事不可為。

陳荊和教授認為，第一至四次推辭，固如朱舜水所言，不願為姦臣之同黨；第五次以下推辭之原因，一是由於魯王內部的派系關係，二是由於朱舜水本身的海外經營，即往來於舟山、長崎及會安間的行跡。據石原道博所考，1645 至 1659 年間，朱舜水曾赴日本七次，而往會安則有六次，可能與中、日、越之間的三角貿易有密切關係。陳教授指出，當初三次（1645-1650）的主要目的，可能是替舟山將領們奔走籌集軍費或軍事援助；但 1649 年黃斌卿被殺，1651 年王翊、劉世勳、吳鍾巒、朱永佑等人相繼戰死，朱舜水第四次至第六次往還於會安、長崎之目的，恐非為公事奔走。因而以朱舜水自撰的《安南供役紀事》略予考證，可補朱舜水研究之缺。（頁212-213）

第二節　《安南供役紀事》的校訂和註釋

　　《安南供役紀事》撰寫的年代可能是在 1657 年，即在所謂「安南供役」之後。朱舜水歿後，此篇紀事由水戶藩主德川光圀及其子德川綱條校輯 [2]，收錄於《朱舜水先生文集》卷二十八。自敍之後，以日誌方式逐條記述 1567 年（丁酉年二月初三至四月廿一日）大約兩個半月間他與安南官方的問答及行略，當中包括十封書札，文後有一段朱舜水的「續書尾附」及釋獨立性易的跋文。

　　陳荊和教授校訂的《安南供役紀事》，與《朱舜水全集》本及《舜水遺書》本有三處不同：（一）為引用及說明的方便起見，在每一條上面，依照原文的次序，附加數字；（二）將各篇書札，一概附記於撰寫該篇書札日期條文之後；（三）將有關安南的語言、名詞，摘錄加以註釋。（頁 214）全篇共三十五條，有註釋十七條，解說頗為詳細，從中可以加深對相關事項的認識。

2　德川光圀（1628-1700）及其子綱條，《安南供役紀事》署源光圀、綱條。水戶在今茨城縣，水戶藩主為親藩大名，御三家之一，常住江戶水戶藩邸，不住領地。德川光圀是第二代藩主，召集全國著名學者編纂《大日本史》，形成「水戶學」，宣揚大義名份。其子德川綱條為第三代藩主。

第三節　鄭阮南北分爭與朱舜水之徵用

朱舜水在《安南供役紀事》中，盡量避免提及有關阮主的政治及軍政情況，「隱其所聞機務，為彼慎密也」（自敍），不過如以阮朝官撰史書互相參照，尚可以在相當程度上釋疑。陳荊和教授指出，關於國王檄取識字之人的原因，梁啟超在《朱舜水先生年譜》中的看法純屬臆測，完全不符合當時越南歷史的實情，甚至連會安的位置亦未弄清楚，這可能由於兩點疏忽：「第一是未注意到當時鄭、阮兩主南北抗爭之事實；第二是未悉會安（Faifo）是十七八世紀中圻最大對外貿易港。」（頁 234）

被強迫徵用的識字之人有若干名，不只朱舜水一個，幾等於強迫性從軍，在會安僑寓的知識人士因而引起了恐慌。朱舜水在賢主面前不肯拜跪，冒死抗禮。但對阮府採取相當合作的態度，後世傳為逸話。往後供役約八十天，可見阮府徵用朱舜水是屬於臨時性的。賢主得知朱舜水無意於仕途，就聽任他返回會安。結語云：「平心而論，舜水誓死不屈，為國抗禮，其高潔之民族精神固屬可貴，但賢主能夠盡釋前嫌，欣然禮聘，其胸襟之廓大亦值得欽佩。」（頁 243）

第二章　釋大汕《海外紀事》

陳荊和編著《十七世紀廣南之新史料：〈海外紀事〉》（臺北：中華叢書委員會，1960）。（96 頁）內容分為四部分：（一）《海外

紀事》之刊年及內容；（二）釋大汕其人其事；（三）釋大汕之廣南旅行；（四）《海外紀事》全文。書末影印日本「東洋文庫」藏本。

第一節　釋大汕的事蹟

　　明末清初中國人的安南遊記寥寥無幾，當中《海外紀事》記述範圍之廣泛、內容之充實及可靠性，均遠勝他書，十七世紀末廣南土著及華僑社會可見其概略。此書所載起自康熙三十三年（1694）釋大汕在廣東長壽庵接見大越專使，直至翌年因遇風未能返粵、重赴順化之時為止。「綜觀其記載，不特對大汕從廣南官民所受熱烈之歡待、渠與阮王間交談、應酬之言辭及所主持法會有詳盡之記錄，即對南渡商舶航海之實況、廣南風物、習俗、政制及旅越華僑之動態均一一述及；此外亦收錄大汕在旅越中隨時隨地所詠絕句、七律、輓詩等凡一百十首（其中三首為丙子年初秋返粵後之作）及與阮府顯要來往之書札、禪論等凡二十一篇。惟自康熙乙亥年十一月至翌丙子（三十五年）年六月間大汕在順化天姥寺作『壓冬』生活之事及歸帆之情形則未予提及。」（頁2-3）

　　釋大汕（1633-1704），即石濂和尚，別號大汕、廣翁，俗稱「石頭陀」，浙江人。清朝入主中國後，他不肯臣服，乃拜辭老母，剃髮投禪，雲遊名山大川，聲名洋溢，暨於中外。其人多才多藝，尤長於詩，與屈大均、吳梅村等交誼；他住持的長壽庵，參禪者甚眾，當中不乏通販日本及廣南的商客，故海外亦有知之者。

　　釋大汕自命不凡，喜出風頭，言語不羈，在嶺南有識人士之

間嘖有煩言。據云他私販往安南，得金銀珠寶連舶以歸，為福建巡撫許嗣興所逮，押發江南原籍，於途中去世。許嗣興原為廣東按察使，政績並不清廉，任內承審不實，部議降一級調用。後擢福建巡撫，故釋大汕被捕一事，或有曲折內情，陳荊和此書可提供較多線索，關於釋大汕赴越始末及其動機，〈釋大汕之廣南旅行〉述之甚詳。

第二節　釋大汕廣南之旅

據《海外紀事》，釋大汕率僧眾五十餘人於黃浦登船，途經東莞、虎門、魯漫山，安抵會安港外的尖碧蘿（Poulo Cham），改乘明王所差戰船，抵達順化城，下褟禪林寺，成為明王阮福淍的貴賓。陳荊和教授指出，阮福淍是一位年輕氣銳的君主，1691 年十七歲時繼立，屢次調兵南征占城，1693 年曾收其地設順城鎮；一面又篤信三寶，抱有歸佛救世之宿願。他敦請大汕南來，固出自宗教性動機，不過大汕抵越之後，實際上待之以師父之禮，事事問道乞教，態度至為懇切。大汕廣南宗教活動之中，以召集全國僧侶傳授三壇一事最為重要，此舉實以救濟當時廣南之民疾，兼肅清佛教界之墮落為目的。（頁 20-21）

因語言不相通曉，一經翻譯則十不能三四，釋大汕遂以其所欲言之事，書寫以呈明王。所列陳者共有四項建議，並陳述其利害：一曰修貢中朝以正名號，二曰設奇戍可以固邊陲，三曰愛異軍士以作忠勇，四曰設學官以育人才。大汕並藉此機會就緩刑、尚德、

愛軍、厚民、通商、薄斂各項開陳意見，明王一一欣然接受。（頁
22-23）

　　當時明王有向清朝求封之動機，陳教授說：「吾人無法和知悉
大汕返粵後曾否就廣南請封事作過籌備工作；唯一確實的事實就是
此次求封並未為清廷所接受。」《大南實錄前編》卷七云：「清帝問
其臣，皆曰廣南國雄視一方，占城、真臘皆為所併，後必大也，惟
安南道有黎在，未可別封，事遂寢。」

　　《十七世紀廣南之新史料：〈海外紀事〉》結語指出：「大汕之一
生奇離顛變，晚年又遭牢獄之難，然透過他毀譽參半之種種行為及
姿態，吾人卻可認出一個不羈放奔的人格……尤值得吾人重視者
乃其在國民外交上之成就。」又說：「即使《海外紀事》之記載難
免有若干誇張及潤色，也不失為一篇中越關係史上有趣的插曲，堪
為中越人士緬懷。」至於清廷的態度，只承認北圻（東京）的黎朝
為藩屏，無疑是拒絕阮王求封的表面理由，但如顧及促進阮王求封
的幕後人物是釋大汕，及他被拘捕等事實，「幾可斷定阮王之求封
與大汕失腳之間必有密切之因果關係，惟孰因孰果，照目前吾人所
依靠之史料則不易辨別」。（頁 32-33）

第三章　鄭懷德《艮齋詩集》

　　鄭懷德撰《艮齋詩集》（香港：新亞研究所東南亞研究室，
1962），列為「東南亞研究專刊之一」。（134 頁）此書分為三部分：
（一）陳荊和〈艮齋鄭懷德：其人其事〉；（二）鄭懷德〈艮齋鄭詩集

合編〉；(三) 英文簡介。

第一節　鄭懷德的生平

　　鄭懷德（1765-1825），幼名安，字止山，號艮齋。先世福州長樂縣人，世為宦族。祖鄭會，號師孔，於清初留髮南渡，客寓鎮邊（即今邊和）；父鄭慶，自少篤學，善大字，又以象棋名手著聞。鄭慶卒時，鄭懷德年僅十歲，篤志好學，時值西山大亂，越南全土動盪不安，鄭懷德從母遷居藩鎮（即嘉定），並遵母命，就學處士武長纘。

　　1788 年阮福映克復嘉定之際，鄭懷德與黎光定等應舉，授翰林院制誥。1802 年，阮朝世祖嘉隆帝（即阮福映）統一越南三圻，鄭懷德升任戶部尚書，並充如清正使，齎國書貢物及西山冊印到粵。翌年至熱河入觀清仁宗，乞求冊封阮氏；並陪同清廷錫封使南行，經鎮南關返至昇隆（即今河內）。1804 年春，鄭懷德以通譯使參列宣封禮，然後扈從嘉隆帝返順化，仍舊主持戶部。

　　1812 年，阮廷改任鄭懷德為禮部尚書兼管欽天監；翌年，改領吏部尚書。1819 年阮聖祖登基，鄭懷德成為阮朝元老，1821 年授協辦大學士。1825 年病逝，南圻華僑念其功德，於柴棍（今堤岸）會同廟祭祀之。

第二節　鄭懷德的著作

鄭懷德之遺作，《歷代紀年》及《康濟錄》早已失傳；《北使詩集》及《華程錄》，是 1802 年及 1803 年鄭懷德充越南國使如清時之詩集及旅記；《嘉定三家詩集》乃鄭懷德與黎光定、吳仁靜所唱合之詩集，迄今只傳有若干斷篇而已。

陳荊和教授認為《明渤遺漁文草書》似為河仙都督鄭天賜（號士麟）之詩集。鄭懷德私淑鄭士麟，據《大南列傳前編》，嘉隆年間，鄭懷德協鎮嘉定時，曾購得溟渤遺漁版《河仙十詠》一集，將之印本行世。惟此《河仙十詠》集與《明渤遺漁文草書》是否同書，尚待考證。迄今鄭懷德著作之猶可見者，僅剩《嘉定通志》及《艮齋詩集》而已。（頁 15）

《嘉定通志》為嘉定府（即今越南南圻）之地誌，詳述南圻各鎮之建置、疆域、風俗、土產及城池，所誌多涉及歷代沿革及華僑史事，為阮朝官員所重視。此書是阮朝所撰《大南寔錄》（前編、正編第一紀及第二紀）、《大南列傳》（前編、正編初集）及《大南一統志》之重要典據，又是研究南圻歷史與地理的頭等史料。《嘉定通志》有法文譯本，但未將書中的〈城池志〉譯出，陳荊和教授特根據法儒舊藏抄本，另於學報將全文刊出及加註釋。[3]

3　陳荊和〈鄭懷德撰《嘉定通志》城池志注釋〉，《南洋學報》第 12 卷第 2 輯（1957），頁 1-3。

第三節 《艮齋詩集》的內容

　　陳荊和教授據《艮齋詩集》木刻本及抄本合成《艮齋詩集全編》，內容分為五部分：（一）卷首，有阮侯（阮迪吉）詩序、吳侯（吳時位）詩跋、高伯（高輝耀）詩跋各一則；（二）退食追編詩，一百二十七首；（三）觀光集詩，一百五十二首；（四）可以詩集，四十八首；（五）自序，一則。

　　陳教授於〈艮齋鄭懷德：其人其事〉中指出，《艮齋詩集》雖是一部文學作品，亦為十八九世紀之交一部關於中越交涉史的珍貴材料，尤其是〈自序〉及詩行間的註文，既可闡明鄭懷德的生涯，亦可彌補南越華僑史之所缺，於文史兩方面均有特殊價值。對於鄭懷德的歷史地位，且作出以下總評：

　　　　顧鄭懷德系出南越華僑名門，入仕阮朝，於內政、外交及軍政各方面歷任重職，深為阮世祖及阮聖祖所倚重；其在越南廟堂所佔地位之崇高，實越南華僑史上罕見。懷德為人謹慎，風度沈整，學問淵博，善文工詩，不只是一位卓越之政治家，且為一位成功之詩人及史學家。（頁20-21）

第四章　《承天明鄉社陳氏正譜》

陳荊和撰《承天明鄉社陳氏正譜》，香港中文大學新亞研究所東南亞研究室，1964 年 10 月出版，列為「東南亞研究專刊之四」。（133+2 頁）書首有陳荊和撰〈承天明鄉社陳氏正譜考略〉，共 34 頁；附錄陳元爍編輯〈明鄉陳氏正譜〉全篇，書末有英文簡介。

第一節　從明香社到明鄉社

陳荊和教授指出，明末清初流寓海外的國人，以遷入越南的佔多數。當時越南黎朝的大權已旁落，國政由北鄭、南阮兩大權臣所操控。南阮自十六世紀中葉阮潢南鎮富春（順化）以降，另建政制，名目上雖仍奉黎正朔，但自稱主稱王，儼然成為獨立邦家，此即中日史書所稱之「廣南國」。

越南北方的鄭主，對於湧入越南的明人，「雖未嘗拒其入境，但採取嚴屬之同化政策，既強制其入籍各社村，更從嚴管束其生活及商業行為，蓋因北越接連大陸，或恐惹起清朝之干涉」。與此相反，「廣南之阮主則對明人之南移深表同情，不僅設法收容，且給予居住、商業等各種方便，務使他們安居樂業；同時也利其人力與物力，用以促進南疆之開拓及建設」。（頁 5-6）

阮主准許明末難民設立特殊的村社，稱為明香社；顧名思義，就是維持明朝香火之意。最初的明香社，是在廣南對外商港會安舖的明社，約設立於 1650 年。迨 1700 年，阮主在南越開置嘉定府，

以清人南來於鎮邊（今邊和）營商者，立為清河社，居藩鎮（今嘉定）者立為明香社，令清商民悉為編戶。

明末南渡的華商，另在離順化城北三公里香江之畔（現屬承天省香茶郡）創設一所商舖，稱為「大明客舖」或「大明客屬清河舖」，是十七八世紀順化的對外港口及商業區。在阮主時代，清河舖一向附屬會安舖；至西山政權時代（1786-1802），兩舖始分離而成立個別村社，分別稱為明香（社）清河舖、明香（社）會安舖。十九世紀初，嘉隆帝統一越南後，在三圻普遍成立明香社。1827 年（明命八年），阮廷將各地客社莊舖稱為「明香」者，一律改為「明鄉」，承天（順化）明香社亦改為承天明鄉社，沿用至今。陳荊和教授指出：

> 因明鄉社人素來保存很濃厚的中國傳統，其日常習俗與普通越人稍異，繳稅或其他各種負擔亦較重，所以在過去往往被視為越南社會中之所謂「少數民族」。（頁 7）

明末遺民及其後裔如何適應明香（鄉）社特殊的環境，如何奠基立業，過去尚缺乏史文可資窺見其具體情況，陳教授常注意搜集有關方面之史料。及至執教於越南順化大學時，「認識順化明鄉社聞人陳元爍先生，承其盛意，獲見陳氏家譜，發現其所載對於明末華人之南移及其後人之生活情況甚詳。竊以陳氏一族，素為中圻（越）明鄉之名門巨室，自其始祖至今，已傳十有一世，歷時約三百載，而世業儒醫，累積功德，堪為明鄉各族典型的存在；用是

謹將該家譜全文刊出，並略加以介紹與論考」。（頁 8）

第二節　《明鄉陳氏正譜》的內容

《明鄉陳氏正譜》由陳族第十世孫陳元爍於 1930 年（保大五年）編輯，卷首有〈譜例〉，繼而收錄 1875 年陳踐誠〈原正譜序〉及 1739 年陳士益〈原譜序〉，據此可知陳氏家譜乃經過十八世紀初第五世大宗岐鳳公世昌、第五世族長士益、第七世族長養鈍（踐誠）、第十世元爍四次編輯及補修而成。以下是陳族十世的次序：

第一世：始祖父陳養純（1610-1688），原籍福建省漳州府龍溪縣。於順治初年（1650 年前後）南來。

第二世：高祖陳總（1644-1714），字懷霖，陳養純長子，在唐山出生，於康熙初年南來尋親。

第三世：陳宗（1675-1714），字迎日，諡性善，陳總長子。性好讀書，手不釋卷。1714 年冬，疫病流行，陳宗抱病而終，其父母陳總夫婦亦相繼去世。時一家不起，惟獨二十四歲的陳穎無恙，一切大事，均由他辦理，撫孤恤弱未至飢寒，是陳家的一位功勞者。（頁 12）

第四世：陳渭（1715-1795）字元延，又字錫珍，諡敏直公，陳宗第四子。他出生時，其父已去世，由母親照顧，八歲時為叔父陳穎（迎壽公）撫養。及長，經商，資本稍厚，幫助諸姪婚嫁，修築祖宗塋墓，多慈善之行。原譜及正譜中，關於陳渭事蹟的記載較詳。

第五世：陳士益（1748-1814），字進之，號天驥，又號竹隱堂，諡溫穆公，陳渭第三子，生逢亂世，似不得志。

第六世：陳朝紳（1776-1825），字伯亮，諡莊懿公，陳士益長子。好學不倦，手不釋卷，經史子集以至醫書堪輿，靡不披閱，而尤嗜好歷史，任翰林院典簿、嘉定省新平府知府。

第七世：陳養鈍（1813-1883），字時敏，號遜齋，奉御賜名踐誠，諡文誼公，陳朝紳長子。稟質聰穎，持家勤儉，位至宰輔，不失寒素，是陳家最傑出且地位最高之人。（頁18）

第八世：陳懷永（1850-1881）字踐謙，又字思甫，號明江，諡慧簡公。陳養鈍長子。不樂仕進，代父料理家務。

第九世：陳迎本（1868-1911）字踐謀，小字拙齋，諡端諒公，陳懷永長子。潛心科甲，歷任知縣及知府；改授寧順道管道，不久病歿。

第十世：陳元煥（1889-1928），字踐詮，諡少韓公，陳迎本次子。任翰林院供奉、著作，後為工部司主事。

陳荊和教授指出，綜觀陳氏正譜之概要，可就明鄉社陳家之歷史及傳統，作以下幾項推論：（一）關於始祖陳養純南來之動機，「亦與鄭、鄭兩氏之不甘屈受異族之統治，為促使漢家民族正氣，毅然投荒，韜晦於南海之明末遺民歟」！（二）陳養純南來之年代，約在1650年。（三）陳家歷代由第一世至第九世，均娶華人或華裔為正室；第十世族長之元配為越南當地人，則屬阮朝宗室且是達官顯要之女。嫡長以外各房，大多娶當地人；至於陳家之女兒，不少與華人或華裔結親。（頁27-28）

　　此外，如陳家歷代嫡派每一男子之取名，陳家與福建之宗族保持連繫，或經商、或入仕等職業問題，亦有論及。從陳氏正譜所載的姻戚關係中，可發現若干顯要達官屬於華裔。總的來說，此書記錄了明末一個家庭在越南的實況和十代人的繁衍過程，以及越南華人社區的生活，是十分重要的文獻材料。

文獻選錄：《安南供役紀事》及註釋

　　【說明】《安南供役紀事》署明餘姚朱之瑜撰，門人權中納言從三位西山源光圀輯，男權中納言從三位綱條校。註釋參照陳荊和〈朱舜水《安南供役紀事》箋註〉，載《香港中文大學中國文化研究所學報》第 1 卷（1968），頁 225-232。以下是該紀事全文及簡要註釋：

　　自敍

　　媿我中夏淪胥，外夷閏位，天既不賦瑜以定亂之畧，瑜何忍復生其任運之心？是以逬播異邦，流離一十三載，間關瀚澥，茹荼百千萬端，庶幾天日再明，沉州復陸。乃忽有安南國王檄召，區區相見之際，遂為千古臣節所關，不死不足以申禮；然徒死亦不足以明心，不得不親至其廷，往返辯折。況瑜大讐未復，又何肯輕喪於溝渠？故不亢不撓，以禮譬曉。國王之識習，局於褊淺，而才氣頗近高明。讒夫鴟張，極力煽其焰；元臣箝口，無或措一辭。獨力支撐，四方叢射，逼勒有甚乎衛律，嗟嘆無聞于李陵。雖十一日磨厲之鋒，不敢輕試，而三百年養士之氣，未得大伸。謹將逐日問答、

行曏、書札錄為一卷。艾其諸臣問難，嫌於繁冗也。隱其行間機務，為彼慎密也。子卿以奉使，困飢雪窖，洪皓以迎請，流遞冷山，節烈尚矣。瑜則無所奉也，無所奉則不必記；然關於國也，關於國，則不敢不記，因誌之曰《安南供役紀事》云爾。

第一條：（二月三日）該府[4]於丁酉年正月廿九日奉國王檄，檄取識字之人，故壓不發，至次月初三日一時掩捕，如擒寇虜。閩音朱與周相近，誤呼周相公。周述南[5]手足無措，遂以後事囑其妻子，而後往。放歸，如獲更生。其勢燄之懾人也如此。捕至，不言所以。久之，差官面試，作詩寫字。瑜不作詩，但書朱之瑜，浙江餘姚人，南直松江籍，因中國折柱缺維，天傾日喪，不甘薙髮從虜，逃避貴邦[6]，至今一十二年[7]，棄捐墳墓妻子。虜氛未滅，國族難歸，潰毛憂焚，作詩無取，所供是實。餘人概不作詩，炤瑜具供，但小異耳。不知何解。

第二條：該府作色厲聲恐嚇之云：「此外更有何人通文理？速速報來！到上邊去說，做不得。」諸人寂然。瑜抗辭答之云：「此

---

4 該府，翁該軆：阮府軆務官銜稱「軆司」或「軆部」，其官員設有「該軆」、「知軆」各一名。「翁該軆」即是「該軆」，「翁」是越語第二及第三人稱的敬稱，意即「先生」，「翁該軆」乃一般人民尊稱官員之習慣。

5 周述南：該府掩捕朱舜水時，因「閩音朱與周相近，誤呼周相公」，致捉錯了周述南。周述南可能是一位南來的外江商客，此人既被捕而獲釋。

6 不甘薙髮從虜，逃避貴邦：明末避亂南遷的人士，所持之理由大致相同。十七世紀末會安大唐街的閩南居民，「仍先朝服飾」（即衣服仍存明制）。

7 至今一十二年：早在 1646 年朱舜水就以永居目的南來會安，至少其所謂海外經營乃以會安為基地。

是該府事。何人通文理，何人不通文理，該管者豈有不知？我豈知道？若上邊覺察出來，自有人承當，何與我事？」

第三條：該府令人看守，勢同軟監。瑜語之云：「此非一日之事，豈有不飲食之理？且我寓中誰人炤管？應帶行李，誰人收拾？」語塞，然後放歸。隨差班役，諭令居停伴守，外復差人，竟夜遊徼。瑜度必不能自脫，毫無賄囑求免之意。此時即欲自裁，方不受其餘辱，又念愚人無知，謂是驚懼而死，故須至彼，死於國王之前，方得明白。親友來送者，瑜已作死別。呂蘇吾[8] 不解，根究其意。瑜慮其恐怖，別生枝節，遂更端其說。

第四條：兩日內，連往占上[9]，見翁儀簿[10] 及各該衙門。儀簿署鎮土王，用一欽奉敕書特召恩貢生某名帖，以下衙門，槩不具刺。小官無知，坐瑜於別席，亦不與較。

第五條：（二月四日）初三夜半方歸，初四晨去暮返，二鼓促行，寓中行李不容收拾，即一紙別家之書，亦冗不及寫。本寓無人看管，親友不敢受託，後致被盜鼷此也。

8　呂蘇吾：應是 1640 年代左右客寓會安的明商。

9　占上：係指廣南營，會安為其所轄。按廣南有廣狹兩義 —— 廣義的廣南指阮主所轄全部疆域，以十八世紀中葉的情況而言，約等於現今中圻及南圻之一部，亦即中、日人所稱之安南或廣南國；狹義的廣南，僅指現今之廣南省（營）。

10　翁儀簿：是人民對廣南鎮該簿的敬稱。

　　第六條：（二月五日）初五日先至旱泥。[11]各處差官齊集，夜半傳發，惟傳瑜一人，餘人禁勿往。至彼，眾差官俱坐定不為禮，瑜竟入上坐。差官云：「茹主[12]〔猶華言大王也〕諸儒如何議論？」瑜應聲答云：「天子方得言徵。大王即盡有東京土地，而中國盡復其位號，不過荒服一諸侯王耳，何敢言徵？」差官點頭曰：「派派派。」[13]〔平聲猶華言是是是也〕連說八九聲。差官曰：「貢士與舉人、進士孰大？」瑜料其意重在進士，先時有進士至彼，曾受其困辱，故迎機逆折之曰：「貴國不知科目之義，故云爾。貢士便是舉人之別名，故稱曰某科貢士。若貢生便與舉人進士有分別矣。至於大小則不在此論。我朝國初重貢。成、弘以後單重甲科，謂之兩榜。即如貢生，亦有不同，有選貢，有恩貢，有拔貢，有歲貢，有准貢，例貢，高下之不等。國初之制，外舍升內舍，內舍升上舍，成均積分，累升率性堂。分數既滿，優者入為宮詹坊諭，劣者出為科道諫官。又有稅戶人材，賢良、方正、耆儒等名目，除授更優。鄭湜起家為布政，嚴震釋褐拜尚書。進士初授，或為縣佐尉，似未

11　旱泥：朱舜水於會安被捕，送到北方廣治省之外營沙謁見賢主。當時沿途海陸各驛站，均無「旱泥」或與下音韻相近的地名。陳荊和教授認為，「旱泥」是「旱汛」之誤，而「旱汛」當即「韓汛」之異譯。

12　茹主，猶華言大王也：「茹主」是對君王、官員等表示尊敬的稱呼，是主宰、主權者之義。越南自從十七世紀初年就演成南北對立的局面，越人稱北鄭為「鄭主」，南阮為「阮主」，以資分別。此處的「茹主」是指南方的阮主，當時在位的是阮福瀕（1648-1687），俗稱賢主，阮朝史書追尊為太宗。

13　派派派，平聲，猶華言是也：「派」字喃作「沛」，其義等於華語之是、對、不誤。然其聲調屬上聲，並非朱舜水所註之平聲。

得與之頡頏。惟成化朝，以邊儲匱乏，許令博士弟子員，及民間俊秀輸粟入成均，後來積分之制遂廢，始單重甲科。即有調停之者，曰三途並用，終不勝甲科之貴矣。」

或問取士法。答曰：「周官卿大夫察舉，而侯國貢之天子，升之司馬曰進士，司馬升之司徒曰俊士。然後考德而命爵，因能而授官，其制尚矣。漢朝以選舉公車，貼大經十道，得五為通，最為近古，故得人為最多，而經術之士，重於朝廷。唐朝試士，以甲賦律詩，始為雕蟲小技，有志之士鄙之。宋朝試士，以論策，此外各有明經、韜鈐、宏辭、茂才等科。明朝以制義第一場，四書義三，經義四，合七篇。第二場論一首，詔誥表〔內科壹道〕判五道。三場，策五道。鄉試中式者為解元、經魁、舉人。會試中式者為會元、會魁、進士。廷試策壹道，磨勘進呈台司讀卷，天子標題第一甲第一名為狀元，二名榜眼，三名探花。第二甲、三甲為進士，同進士出身，多則四百名，少則三百名，國初亦有中一百名之時。子、午、卯、酉為鄉試四科，辰、戌、丑、未為會試四科。」問曰：「既如此，如何有癸巳科狀元？」曰：「此永樂以虜徼親征，皇太子監國於南都，太孫監國於北京，避嫌不敢臨軒策士，故遲廷試之期，原是壬辰科進士。」曰：「派派派。」旁一人曰：「太師真文武全才。」曰：「此因下問而奉答，不過古今掌故耳。若於書無所不讀，而又知兵善用，方是文武全才，不肖安敢當此。」

第七條：（二月八日）初八日，至外營沙 [14]〔安南音陵甲〕。為國王屯兵之所，見翁該艚帖同前。〔該艚者專管唐人及總理船隻事務，以該伯為之。〕

第八條：（二月八日）本日投翁該艚書：「之瑜託身貴國，誼同庶人，庶人召之役則往役，義也。但未諳相見大王之禮何如？承役而退，以不見為美，所為君欲見之，召之則不往見之，亦義也。此兩三國人之所觀聽，非細故也。之瑜出身自有本末，遠不必言，近日新膺大明敕書特召，三國之人之所通知。若使僕僕參拜，儻大王明於斯義，必且笑之瑜為非人。惜身畏勢，而輕褻大王，瑜罪何辭？若突然長揖不拜，雖甚足以明大王之大之高，萬一大王習見拜跪之常，未察不拜之是禮，逆見嗔怒，必萬口同叱以和之，之瑜異國孤身，豈不立致奇禍？久聞閣下高明大度，通達國體，曉暢事務，伏乞先為申明，然後敢見。之瑜此情，必無一人敢為傳達，不得已託之筆札，幸恕，奉恕！即日，朱之瑜頓首載拜，慎餘。」

第九條：（二月八日）該艚入啓國王，即日命見。文武大臣盡集大門內右廂，其餘侍班，肅然持刀環立者數千人，又非九賓見客，萬目共注，奉命之人，傳呼迫促。瑜及門不趨，徐徐步入。侍班大喝，瑜不為動。見國王，立致一名帖，與前帖同，但前加「本年正月」四字，後加「頓首」二字。諸大老屏人面見，彼此不相為禮。

14　外營沙：非指阮氏正營之金龍，而是指列北方與鄭、阮南北戰事有關的「屯兵之所」－營葛。朱舜水故意寫作「營沙」，其用意「似要避免洩露該國機密」。總之，朱舜水見賢主，且被扣留兩個多月的地點，是在廣治省治附近的葛營。

第十條：（二月八日）語同事翁斗曰：「見國王及該舖，從來無不拜之禮，今與公各班相見，我今日以死生爭之，慎無隨我以累公。先時欲言，恐公震怖。公若捨得死，則不拜可耳。」於是翁姓者先拜，瑜直立於旁。差官啓事畢，來就瑜令拜。瑜作不解狀，舉侍班之仗於沙中劃一「拜」字，瑜即借其仗於拜上加一「不」字。差官牽瑜袖按抑令拜，瑜揮而脫之。國王大怒，令長刀手押出西行。瑜毫無顧盼，揮手即行，語同行者曰：「爾輩何故隨我？我此去至好是下監。彼國監禁，公行需索，所費萬端。我止辦一死。爾輩已拜無事，不須隨行，但遠覘之可也。若此去便殺，倒得乾淨。」因解身上鮮衣與之，惟整束舊衣同去，不知其赴該舖所也。

第十一條：（二月八日）將相文武大臣，通國震怒，謂瑜挾中國之勢，欺陵小國，共啓國王，誓必殺瑜。該舖共議，抵暮方歸，同事者拜畢，瑜仍前一揖。因瑜外江人，隨發醫官黎仕魁〔荊註：原文作愁仕魁〕家，令黎醫官委曲勸諭云：「不拜則禍不測。」答云：「瑜隻身至此，豈敢抗大王？顧誠不可拜，又不敢畏威越禮。」是夜往復再三，夜分不已，云：「不拜則必殺無疑。此間殺人極慘酷，何不自愛至此？」同行者俱極力排詆。瑜勞倦已極，厲聲答云：「前日從會安來，與親友俱作死別，非至此方拼一死，今日守禮而死，含笑入地矣。何必多言？」黎亦憤亦憐，乃云：「既堅意如此，再不必言。」遂復該舖。

第十二條：（二月九日）次日黎明而起，自取其牖下水洗沐更衣，撮土向北拜辭訖。竢天明，餘人盡起，將家事囑託陸五：「賣寓中所有之物，還彌左衛門銀四十兩八錢，寓主權兵衛房租銀三十

兩，餘者與汝作盤費；帶來衣服行李盡附蘇五呂。**15** 內樓供奉勅書拜上，仔細收好，帶至日本，待家下有人來附去。」囑畢對黎醫官云：「我大明徵士也。此國家百八十年來未舉之曠典。公應不解徵士為何名。我於崇禎十七年，弘光元年前後被徵二次，不就。四月間，即授副使兼兵部郎中，監方國公軍四十八萬，復不拜。後以虜變，逋逃來此，誼不可拜王，是以不拜。我來外國十三年，即夢寐中不漏一字。所隨童僕，俱非家鄉帶來，故各處交遊，無一人知者。今日死矣，不得不一言，我死後，乞公至會安，與外江諸友一言以明之。死後料爾輩不敢收骨。如可收，乞題曰：『明徵君朱某之墓。』」

第十三條：（二月九日）交趾通國大怒，磨厲以須，即中國之人無不交口唾罵，平素往還親暱者或隨機下石以求媚，或縮胸寒蟬以避禍。即有二三人不相攻訐，然無或敢評騭一語者。惟日本諸人嘖嘖稱奇耳。本日有李姓字耀浦者適至，該舖迎謂之曰：「不信世間有如此狂人。」李云：「未識其人，一見方知此必有故矣。」所對之言甚直，空谷之音此人而已。該舖復呼瑜面問：「徵士云何？」且云：「言語不明白。」授紙筆令寫。瑜即寫：「崇禎十七年被徵，不就。弘光元年復徵，又不就。第三次竟除授江西等處提刑按察使司副使，兼兵部職方清吏司郎中，監荊國公方國安軍，復不拜。於是閣部勳鎮科道等官，交章論劾，之瑜偃蹇不奉朝命，無人臣禮。

---

15 蘇五呂：可能是與朱舜水同樣從舟山或其他江南地區逃難到越的外省人士，並非閩人。

章甫上，瑜即星夜遁逃澥濱。數月不見緹騎，已後遂有逆虜之變。之瑜不別家人，隻身前來日本已十三年，至貴國已十二年，受苦不可盡言。豈敢以藐藐之身，驕傲大王，自取殺身之禍哉？今大王不察不拜之是禮，赫然震怒，瑜又何言？殺之可也，監禁可也，拘留可也，顧獨不可拜耳。本年正月，欽奉監國魯王勅書，別有謄黃，不再贅。」瑜或書或語，談笑而道，了無驚怖之色。該軆回顧其妻曰：「好漢子！」

　　第十四條：（二月九日、十日）本日至次日，國王五次密密差人，至會安察訪事實，隔別前後差人，不許會同。幸諸人無一至該府家，計無所施。

　　第十五條：（二月十日、十一日、十二日、十三日）大小官員紛然問難，逐日踵相接也。其來者直入攻瑜，絕不及於同事者，同事者因得乘機逸去。其後習以為常，竟遠避以伺之，瑜始為孤注矣。歸則讓瑜云：「隨口應附，同他混賬〔荊註：原文作帳〕何必根極理要？與之往復周旋，終日唇枯舌燥，那有如許精神？」瑜佯謝之曰：「已喻。然來者必接以禮，答者必竭其誠，如故也。」一日有一下僚，年少，意頗自矜，偕數人來。其人已再至矣，問曰：「天根月窟，先生解來。」曰：「我不知。」〔我音島，大王及尊者自稱之詞〕[16]曰：「如何不知？」曰：「不知便不知，却又有個如何，你不知中國之大，學問之深，如海一般，故曰學海。〔你音迷，呼

最賤者之辭〕**17** 國書籍之多，汗牛充棟，五車不足道也。豈能盡讀？
況去家十三年，目不覿書史，韋編久絕，絃手生踈。」其人改容謝
之曰：「小可未達其理，唯願先生明解以開茅塞，不敢問難。」曰：
「問難何妨？邵堯夫、程夫子託名引喻，固自不知。即如李太白
詩，朝遊三山，夕憩五嶽，此亦可解乎？」旁一人治曆局者，私咎
之曰：「見渠倨傲無禮，故拒絕之，一曰韋編，一曰邵、程，一曰
詩，豈是不知？」其人固請之。答曰：「《河圖》、《洛書》，方位各
居，先天後天，無缺無餘。」又曰：「上下四旁，左右前後，少多配
合，各得其九，四九三〔荊注：原文作六〕六，盈城花柳。」其人
喜曰：「果是不知。」治曆者曰：「一八為九，二七為九，三六四五
皆九，豈非三十六宮？」於是逡巡而退。

　　第十六條：（二月十四日）十四日，該艚又復差官諭意。瑜引
韋祖思拜夏主赫連勃勃，勃勃怒而殺之為比，差官沉吟不信，尋史
書與看，將書復該艚，復來索前所寫者再寫一紙，瑜不寫。但復
云：「大王偶得一士人到此，不能與之商畧天下國家之大務，而顧
屑屑於拜跪之間，竊恐聞之遠方，有以窺大王之深也。以大王下
士，千古美名，美名不居，而必責瑜之一拜，拜畢人誰知之，孰與
美名傳之天下後世之為大乎？瑜守禮而死，死無所恨，乞高明亮
之。」其末大書「讀聖賢書，所學何事」，十數而已。

　　第十七條：（二月十四日）同時又一文官至，寫云：「太師上知

17　你音迷，呼最賤者之辭：字喃作「眉」，亦表明同樣第二人稱（卑稱）。越土斯文風雅人
　　士普通避用之。

天文，下知地理，中識人事乎？」曰：「不肖寡學薄識，烏足以知
天文、地理？至於三才之實理、實事，稍稍竊聞一二。大王盡禮而
來教，必能佐大王國家之大務。若不循禮而強以威逼，不肖延頸待
戮，更無他說也。」文〔荊註：原文作本〕官咋舌而去。前此來者
多稱先生。瑜答云：「足下」，自稱曰「我」，〔安南音島。島者國
王與上人自尊之辭，猶華言本部本院也。〕因其人稱「太師」，瑜
自稱曰「不肖」，已後無不稱「太師」，自稱曰「小子」、「小可」，
惟介弟一人，稱瑜曰「尊師」，自稱曰「小某」。

第十八條：（二月十四日）該府聞其事勃然大怒，立時登舟來
至外營沙見國王，欲重賄奧援，期必殺瑜以快其志。適國王以他事
差人相遇於順化，去營沙咫尺矣。因有緊急事，務星夜促回，計不
得行。及完事，星行來至，往返又復數日，議禮已定，無可下手，
銜恨不絕。可見死生有命，非人謀之所得施也。

第十九條：（二月十五日、十六日）自十五已後，各官來見者，
禮貌隆重，如見其國王及尊官之禮，止於不拜耳。該府泊舟河下，
逐日親見，無可如何，敢怒而不敢言。因黎醫官作通事，言語亦不
明辨。大凡問答，俱用書寫，寫畢即將去復王。可見俱從王所差
來，或將原紙送還，或竟持去，前來刺探者時刻不絕。瑜去家十餘
年，久絕歡笑。至是同事及從行，莫不怪瑜舛錯，無可告訴，抑且
嗟歎詆毀之聲不絕於耳。怨怒之色，時接於目。不得已逢人便笑，
了無憂疑。先是，聞彼國載籍杳然，未有印證，死不得白。旋知其
國多書，便可暢意舒發矣。

第二十條：（二月十七日）十七日草琉已就，封附王鳳。酬對

之外，別無他事。惟有整衿危坐，且夕俟命。

「奉勅特召恩貢生，臣朱之瑜奏為守禮殉節，謹陳始末緣繇兼謝天恩事：臣於崇禎十七年，蒙恩特徵，不就。弘光元年，復徵，又不就。即授江西按察使司副使，兼兵部職方清吏司郎中監鎮臣方國安軍，復不拜。後聞臺省交章論劾，大指論臣傴塞不奉朝命，無人臣禮。臣即星夜逃避澥濱。及臣在舟山，銓臣按臣，見臣不肯任事，又見臣誓不降虜，萬死一生，舉臣孝廉。臣止之而不及，即當按臣前草表懇辭。後輔臣不知，擬旨云：『朱之瑜果否的係貢生？該部確察具奏。』輔臣與臣同里閈，其弟張玉堂與臣同入泮宮，豈不知臣之詳？意蓋有為耳。臣見此時事不可為，深自殄匿，絕不以前事上聞，非敢故為欺隱。辛卯年七月，預避虜難，從舟山復至安南。累年，急欲歸覲，多方未遂，每恨衣帶之水，邈焉河、漢。去年委曲求濟，方附一舟，意謂秋末冬初，便可瞻拜彤墀，伏陳衷曲。臣數年澥外經營，謂可得當以報朝廷，當與藩臣悉心商榷〔荊註：原文作確〕。不意姦人為梗，其船出至澥口半月，而不果行，復收安南，憤結欲結。至本年正月十四日，日本船回，齎有主上監國魯九年三月黃綾勅諭一道，特召臣還。臣以褻服不敢拜命，星夜草剏處士巾衣，謹擇十六吉日。又不敢於公所行禮，即於私寓恭設香案開讀，叩頭謝恩畢，欽此欽遵。臣此時已促裝，擬於廿一日往暹羅，亦輾轉以求達也。因暹羅更在西南，誠恐主上未察臣苦心，疑為營私背旨，故捧〔荊註：原文作棒〕勅驚懼，即止不行。雖臣無節義文章之重，足副主上夢寐延佇之求，至於犬馬戀主之誠，回天衡命之志，未嘗一刻少弛。靜候夏間，附船前去日本，復從日

本，方達思明。所以紆迴其道者，臣之苦衷不便明言。庸人見臣如此，競訛狂惑。不意二月初三日，安南國王於該管衙門，檄取一二知文識字之人，前去應一時之役。當塗喜得關要，中臣不念國體，遂將臣名開送，立逼登舟。眾人不知，多為慶幸。臣與平日往還諸人，已作死別。初八日，至國王屯兵之所，曰外營砂。先見該艚，手致一書。隨見國王，臣具一欽奉勅書特召恩貢生頓首拜名帖。臣屢被詔勅，在國家為徵士，與尋常官員不同，何敢屈膝夷廷，以辱國典，故長揖不拜者，禮也。國王不知是禮，怒欲殺臣。臣挺然竟行就戮，毫無顧盼遲迴。該艚令人往復勸諭，懇切詳明。臣言愈遜，臣志愈堅，夜分不已，終無一字遊移。次日辯折仍前。該艚云：『好漢子！』十四日，復遣人來，慰臣怵臣，得臣一拜即止。臣對如初，但言讀聖賢書，所學何事而已。至今十日，其怒未衰，忌臣者多，料無生理。臣恐一時白刃加頸，不及拜疏陳情，謹將始末緣絲，上塵宸聽，臣即含笑入地矣。所恨者，臣之幡然去國，跡似潔身。今謀之十年，方喜得當意，欲恢弘祖業，以酬君父以佐勞。臣一旦迺為意外之事而死，不能上報太祖高皇帝以及主上，臣死有餘貴耳。至臣祖宗墳墓飄零，幼女高死忠死孝，最為幽慘，此臣家事私情，不敢瑣陳，謹將逐日問答、行略、書札，別錄附聞，惟祈睿鑑。草莽之臣，不諳章奏之體，罔知忌諱，死罪死罪！臣拜疏後，靜聽一死，別無他說。昔蘇武尚有一李陵為知己，臣之孤苦，何可勝言？十日之內，逐日殺人，莫不先梟其首，從而臠肉菹肝，夷風慘刻，惟以張威，示知草菅，使臣驚懼。臣死之後，骸骨無敢收取，自為鷗鳶犬豕之所咀嚼。臣亦不憂。伏願主上為國愛身，為

國愛人，勵精旰食，虛己尊賢，選才任能，勿疑勿貳，直擣盧黃，勒勳長白，大拯〔荊註：原文作極〕陸沈之神州，修復久汙之陵廟，始終勿替，君臣一心，臣無任瞻天仰聖，激切屏營之至！謹具疏稱謝以聞。監國魯丁酉年二月十七日，恩貢生臣朱之瑜具。」

第二十一條：（二月十八日）前所差人，十八日盡來回復，察訪無所得，無可借以為名。

第二十二條：（二月八日至二月十八日）十日之內，逐日殺人於瑜寓西，莫不先梟其首，次將骨肉為臠，筋骸腸胃，拋撒滿場，以致烏鳶犬豕競〔荊注：原文作兢〕來就食。血染泥沙，肉飽異類，夷風慘刻，惟以張威，其意不過使瑜驚懼耳。

第二十三條：（二月十九日）國王雖不知大義，然頗好名，既無名色，不便擅殺。十九日遂致一書，令瑜仕於其國，有「太公佐周，而周王；陳平在漢，而漢興」等語。是日即答之，余意錯見於答書之中。

覆安南國王書：「猥辱元臣，賁領翰札，捧緘面讀，一再至三。雖中間字義句語多係安南國書，與中夏自不同文，然前後詞旨明白，洞然俱曉。愧之瑜無德無才，豈敢自比鷹揚之哲，六出之英。至於康濟阜安之畧，堯、舜君民之懷，居恒誦習，未見施為。若夫識時，在乎俊傑，多端獎借，無一敢承。竊聞大王超世之姿，動合於道，往年處分諸事，有德有禮，古之賢王，何以過之！近以承命執役，來此旬日。灼知中夜求衣，旰日忘食，簡明機務，精勤訓練，於以削平大憝，銘勳復辟，在於指顧間已。若所謂用兵之紗，在乎軍形，古無其詞。或者師心而獨造，愚所未喻，未敢曲意

以相狗。夫軍形者，就刺料簡練處，舍收藏而言耳。是即所謂軍
實，而非用之妙也。用兵之妙，太上以名，聲次之，情次之，形斯
下矣。至於形見勢詘，此又其最下者也。即曰形之，敵必從之，此
正敵不知其所攻，不知其所守，徒因我多方詿誤，以為進退，以為
防禦耳。虛虛實實，變化生心，示之以形，非真有形之可見也。今
大王復讐雪恥之師，真義兵也。正之即為名，揚之即為聲，通於眾
志即為情。彼之百姓，身居塗炭，自應前歌後舞以迎王師。若不自
量而來戰，則亦角摧而崩爾。何必料簡軍實，五圍倍攻，而後克
哉？然其善之善者，則在乎用賢。即舉來諭所云太公、陳平，瑜雖
未敢當其任，竊得借以發明其說。太公殷之老也，何以周得之而
王？陳平魏之產也，亦嘗事魏與楚矣，何以去楚適漢，楚、魏隨之
以亡？可見天生英哲，即錫之以神明邁種之才，必資之以感憤豪壯
之氣。何能與隕籜共腐，而流沫同消哉？不北走胡，必南走越矣。
幸大王加意周諏，毋使其外資敵國也。以大王天授異才，得賢而
輔，內歸萬姓，外展故土，則有拱揖指麾而治耳。若瑜既非其人，
亦無其志，徒以天禍明室，遁逃貴邦，苟全性命，別無他圖。如曰
中華喪亂，遂欲委質於貴國，皇天后土，實鑒此心。大王不以無禮
誅之，而復以此傷義士之志，是猶與於殺之矣。儻異日者天厭夷
德，神孫良翰，憤發敵愾，掃攙搶，靖胡虜。瑜藉大王之靈，遄歸
桑梓，獲陪下士之班，當竭其全力，內佐大明，以其餘者外匡貴
國，所為兩利而俱存者此也。舉貴國攜貳之端，降封之故，昌言於
朝，致聖主明見萬里，使貴國世修藩維，歲貢終王，寧不賢於瑜之
竭蹶貴邦哉？詩曰：『永以為好』，其斯之謂與？承命裁答，草率不

文，未請國諱，統希原亮。即日，朱之瑜頓 首再拜。」

第二十四條：〔二月二十日〕二十日，代國王答書：

代安南國王書：「蓋聞聖哲必因時以建功，賢智貴正名而戡亂，乘機遘會，溉釜同袍。慨我遭家不造，以致遺國多艱。先王之冢子，幽之於別宮。蝨賊之宗盟，寵之以重任。牛骨五具，讀前史而興悲。蜜水一盂，豈在今而罔恤？此有志之所切齒，而義士之所撫心也。恭惟某官，胸羅今古，掌握風雷，上馬擊賊徒，下馬草露布，文事則雍容犧象，武備則首足萊夷，真命世之逸才，匡時之俊傑。撫茲社稷丘墟，民人塗炭，僞新之篡竊四世，舂陵之舉事幾人？即或守雌而伏，自當憤發為雄。乃者審敵觀變，似圖一舉百全。比得秘函，不禁手額〔荊註：原文作頞〕。知某官惓惓為國，切切勤王，國祚靈長，臣民胥慶。梁國反周為唐，汾陽殲安誅史。方之今日，豈讓古人？但何無忌酷似其舅，劉下邳豈非人豪？凡我同盟，咸宜共奮。某動衆興師，矢公非富，幸群工之協贊，勵率土而同仇，與子偕行，無敢或後，登壇誓衆，競欲爭先。乘茲敵愾之誠，立奏中興之績，靖彼睡鼾之臥榻，完茲無缺之金甌。某出奇制勝，彼備多則力分。某官內擾外援，敵防此則失彼。虜聚目中，功成指顧。使旂常銘翼輔之勳，乾坤正忠義之氣，列土分茅，錫圭瓚卣。光榮增於祖考，福澤流於子孫，豈非大丈夫之偉烈，而奇男子之愉快哉？倥偬軍務，草率裁椷，會晤非遙，瞻言有日。」

又節畧：「蓋忠孝者，天下之大節，而纂逆者，千古之罪魁。故凡含生負氣之倫，莫不共明斯義。某人者，地實寒微，心懷梟獍，廝養牧圉，尚不類於汧渭之秦，非怙寵矜功，遂自比於逐戎之

襄仲。晉陽興甲，本不為臣子之美名，而臺城誓師，正不忍於君父
之幽逼。狐冗城而姑息，城其隳矣。鼠近器而弗投，器可全乎？祖
父子孫，世濟其惡，封貙狼羆，日長其殘。久假不歸，烏知非有，
凌遲罔恤，振古所無。使斯民不知三統之義，實迺殺萬姓之心。」

　　第二十五條：（二月二十日）即日拜儀部 **18**，彼國之宰相也。元
勳碩德，如文潞公然，年八十餘，龐眉皓髮。瑜用一單名帖如前。
彼用兩手升於頂，見必披髮加帽，合掌上舉過其額。黎云：「斯禮
為至尊而無以加矣。」然其大老元臣，俱甚謙謹。即前之欲殺瑜
者，所謂食桑葚懷好音也。

　　第二十六條：（三月初三）試堅確賦。三月初三日，鬱鬱枯坐，
偶以不入耳之聲，濁亂神思。適國王遣人寫一「確」字來問？余意
其風之也，聊舉堅確、的確、確論等為解。遂將堅確為題，令余作
賦。賦曰：

　　「歲在丁酉，三月上巳，余以執役王家，來茲廣漠之野。叢枯
穀茂，〔寓測修竹盡枯死，維穀榮茂，彼神叢轉輾相假故云然〕非
修禊之蘭亭。流清湍激，〔寓南濁流迅駛〕懷萬壑之冷冷。塊然環
堵之中，匏也茅茨之下。異桃李之芳園，奚文章之相假。形凄影
其，何對月兮三人。已獨人皆，存流風乎一我。迺有白叟龍鍾，躑
躅踟躕。抱持樂器，就坐簷隅。方跗空中，一角直畫。拳匏外向，
孤絃內腹。彈撥難調，非絲非竹。齒跈淚湦，疑歌疑哭。不足以

18　儀部：表示此人是進士及格或獲賞翰林銜者。此處所指之人應是武廷武。

陶我神情，適足以擾我慎獨。忽逸興之遄飛，慕觥籌兮相逐。飯蔬水兮愆期，況流觴而聽肉。身枯槁兮神馳，搴芳蘭兮川谷。於焉有客外至，是非問奇，書掌布畫，確字謹持。余迺舉說文而解義，攷證據兮紛披。志意堅確兮不忒，話言明確兮罔移。於是言笑燕燕，乞賦乞詩，詩題確論，意不支離。賦志堅確，不競支辭。朱子肅襟危坐而答曰：嗚呼噫嘻！客何為而及乎此也？確乎確乎！學力所成。微乎微乎，析理斯精。確則繇堅而致，堅不能並確而陳。堅之蔽固，固之蔽陋，而確不與固陋兮為鄰。歷百年而非故，忽嬗代而非新。道同德媲，麾之不去。身處傾危，招之不親。非晰精微於觀火，曷能當震撼而凝神？揑之緇之，莫污其白。磨焉磷焉，孰漓其淳。硜硜者其象乎！硜硜者言必信，行必果。確然者言不期而自無遊行，行不期而自無偏頗，礐礐者其質乎！礐礐者保護之而僅完，擊剝之而旋缺。確然者是非眩之而益明，東西衝之而不決。然則其貞乎？貞固足以任事，終不渝而始不諒。意者其眞乎？質與實而無偽，誠與一而皆當。潦水盡而寒潭清，烟光凝而暮山紫。吾以探確之源，山高月小，水落石出。吾以定確之理，澄之不清，淆之不濁。吾遊夫確之神，逝者如斯，而未嘗往。盈虛者如彼，而卒莫消長。吾又莫測夫確之底裏，往來冲冲，允執其中，不憂不惑，清醒自得。求之古人，郭林宗、申屠蟠庶幾近之。林宗確乎不拔，為世宗師。申屠免於評論，超卓之姿。若夫信之不篤，守之不善，幾何不如韋而如脂。然而所未至者，毋意毋必，與世推移，變變化化，聖不可知。蓋可權者與立之深造，而至誠者能化之根基，既已歷善信而充實，盍亦繇光輝，幾聖神而莘莘，乃所願者時中之君子，措

之仕止久速而咸宜。大明遺民朱之瑜魯嶼，甫賦於交趾國外營沙之旅次。」

　　第二十七條：（三月初五）李姓者，累次諭令取家眷，該體要造府第。答云：「去家十三年，絕無婢妾，何有家眷？瑜役畢告歸，必不留此，甲第何為？」初五日，忽致供給，瑜力辭之。該體諭云：「再辭不便，某亦不敢代啓，第受之無憂也。」次月，瑜先期往辭，該體力禀而止。〔今按次月，疑當作次日。〕

　　第二十八條：（四月初吉）榜示文武大小臣工：「中國之儒，大要有二：其一曰學士，多識前言往行，而行誼或有未至，漢詔所謂淹通墳典，博學宏辭是也。其一曰賢士，恒務修身行己，而文采或有不足，漢詔所謂賢良方正，孝弟力田是也。二者罕能兼之。有能兼之者，仁義禮智積於中，恭敬溫文發乎外，斯誠國家之至寶，而聖帝明王之上珍也。其君用之，則安富尊榮。其子弟從之，則孝弟忠信。是故食祿萬鍾，而不為豐，後車十乘，而不為侈，袞衣黼黻，章己不為華，尚父、仲父，尊己不為過。何也？道尊德盛，當之而無媿色。君臣之間，一德一心，都俞喜起，斯得志於時者之所為也。若夫天下無道，則卷而懷之，或耕或陶，或釣或築，無往不可，蓋未有貶損以狥人者。近以中國喪亂，天崩地裂，逆虜干常，率土腥穢。遠人義不當死，欲隱無所。聞之丘文莊公云：安南、朝鮮、知禮之國。是以遁逃至此。太公、伯夷，嘗居東海、北海，以待天下，非創也。今貴國不能嘉惠遠人，斯亦已矣。奈何貴國〔荊注：原文作賤〕諸君來此，或有問相者，問所非宜，終不知為褻客。夫相士星士，何足比數？四民九流之中，最為下品。較之德義

之儒，不但天地懸絕，亦且如白黑水火，全全相反。遠人業已至
此，貴國輕之褻之，將如足下何？但義所不當出耳。使他人聞之，
謂貴國為絕不知讀書之旨也。況能尊賢敬士乎？即如天文地理，其
精者不過技術之士，亦非聖賢大學之道，治國平天下之經，而貴國
讀《三國演義》、《封神》等記，信為實然，勤勤問此，譬猶舍金玉
而寶瓦礫，芟嘉禾而養莠稗也。亦甚失取舍之義矣。又云：天文非
臣子之所得問，亦非遠人之所敢言，已後幸勿再及。四月初吉，大
明遺民朱之瑜白。」

　　第二十九條：（四月十三日）留札存案：四月初六日，不知是
何官職，來問古文中義理。因居停黎先生傳說不便，索紙筆寫「植
橘柚於玄朔，蒂華藕於修陵」二句問義。答云：「橘植於南方，其
性畏寒，過淮則化而為枳。華藕者，芙蕖也，即今之荷花，若栽於
高岡之上，豈能榮茂？二語總言託非其所。」來官寫云：「好好。」
又問「折若木而閉濛汜」及「鳶飛戾天」一節書義。敷衍條暢，大
悅稱誦。復云：「安南解釋甚朴畧。」答曰：「朴畧不妨，只恐全然
不是耳。」黎云：「此公極好學，家有多書。」余問云：「尊府古書
多否？」答曰：「少少足備觀覽。」余問《通鑑綱目》、《前後漢》、
《廿一史》、《史記》、《文獻通考》、《紀事本末》、《潛確類書》、
《焚書》、《藏書》、及《古文奇賞》、《鴻藻》等書。答云：「俱有，
惟《鴻藻》無有。」余言：「安南無書，遠人離家十三年不見書史，
生疏極矣。如此甚好，改日斗膽，借二部來看，以消岑寂。」復顧
船主汪二官、黎先生笑語云：「如此便不孤苦了。」來宮復寫云：「小
某敢請尊師到賤家，以助一樂。」余亦允諾，因天雨未往。初八

日，該府忽令汪二官來索此紙，不知何故。後一二日，開船回去，竟不附還。該府素不知書，此等解釋，又絕非所好，討去一看，竟爾帶回，此中必有深意。若徐庶之母，自誤其身，可鑑也。恐久而遺忘，故書此以誌其巔末云。四月十三日，朱之瑜謹記。

第三十條：介弟 **19** 至，國王聞之，謂黎醫官云：「這是大人，大才學，大學問，伊小子曉得甚麼？如何敢至其所，有此大膽？伊又章密道理，章密臭貨。」〔章密者，華言不識也。臭貨者，華言羞恥也。〕**20**

第三十一條：瑜疑大人之說，似未釋然，往問其親暱張醫官。〔乳名桂官〕云：「無之，嘗對吾等歡喜稱道曰：高人。我不知其胸中，但去問的，無有不知。這是高得緊的人，我安南自然沒有，便是大明，如此人者，恐怕也少。毫無纖芥之嫌。」是日，張執禮甚謙，而稱謂甚尊。即向之攘臂怒罵，首欲殺瑜者也。

第三十二條：（四月廿一日）四月廿一日，辭別國王書〔先一日，以小學諸書來問，因及之〕。名帖同前：「辭謝大王閣下，恭聞治平之本，敎學為先。即使時有戰爭，亦必兼資文武。漢世祖投戈講藝，息馬論文，大業中興，獨光近古。魏武帝手嘗橫槊，髀不離鞍，猶謂春夏讀書，秋冬射獵。故知講讀之道，乃是君國之經，卿士亦然，豈惟人主？〔因國王言武將不必讀書，故云言。〕呂子明，

---

19 介弟：此處所言，當為上主阮瓊。

20 章密道理，章密臭貨：「章密者華言不識也，臭貨者華言羞恥也。」這兩句的意思就是「不懂道理，不懂廉恥」。

中年涉學，遂取荊州。杜元凱，左氏癖耽，終平吳國。博陸精忠浴
日，無術貽後世之譏。萊公駿烈撐天，讀傳取益州之誚。是則賢相
良將，咸貴習禮知書。況乎成方挾奸，恒陰昌邑，藉非經術，何以
稽疑？在乎作新，自然丕變，昨者講求遺典，必將養育時髦。於是
人文化成，教興俗厚，洵千古賢王之盛業，而萬代流聞之美名也。
瑜謂五經、三史、七國、六朝尚可從容，竢諸異日，或詞旨深奧，
或問學淵源，或縱橫捭闔以矜奇，或月露風雪而掞藻，下學上達，
近裏攸宜。詳觀目錄諸書，偶見《小學》一部，彙往哲傳心之秘，
迺初學入德之門，儻是十竹齋所鑴，粵陳選所註，最為善本。洵是
國珍，致君顯親，言言金石，敬身明倫，宇字蓍龜。若使立教於國
中，必多利益於君上。但列《孝經》，或乖訓詁。迨夫《忠經》合
刻，益是書賈所為，語不雅馴，義多舛駁，緣是馬融纂輯，原非先
聖遺經。然欲立言，必須考行。馬融為南郡太守，尚且狼藉贓私。
其書竄東閣奎章，豈能感發誠敬？固宜斥絕，勿穢文林。無限依
依，數言代別。即日，之瑜頓首再拜。」

　　第三十三條：瑜歸至會安，寓中盜竊罄空。視舌雖存，瞻貌已
弊，蒼頭遠逝，黔突難炊，色甚慘淡。親友確言，是居停所為，顯
有證據。然形跡可疑者二：鎖顧交於寓主，今套鎖直入，一也。先
日有書言無人看寓，是夕失盜，二也。瑜一槩不究，但遺攝鎮土王
云：「寓主父子，前後遠出經營，單遺一婦看家，鞭短何能及馬？
盜賊洞知虛實，張燈竟夜搜羅。顧惟黃卷攸存，更有青氈儼在。」
〔諸物俱空，遺失一氈，故舉比為笑耳。〕絕不及居停一字，復為
申解。諸人笑以為癡。後事發，竟與寓主無涉。諸人方纔嗟歎，謂

非常人所能。

　　第三十四條：瑜辭王而歸，各官不及知。歸後，文武百官，無不傾心思慕。該艚差人競來傳說，譽之每過其實，不敢自舉其辭。咸冀再往而不可得。然初時皆欲殺瑜，後則各相敬愛，無一人自異。向之乘機下石者，咸相驚詫，以為異事。維時鷗鴉無伍，不得不化而為鳩。至於識者，猶憎匽術之眼爾。

　　第三十五條：（五月廿七日）奉勅特召恩貢生臣朱之瑜奏為臣身被拘留，瞻言永號事：臣與安南國王抗禮一事，已詳具於二月十七日疏中。後二日，始以本事遣其心腹重臣就問。臣即據其來意竭誠相答，遂爾歡然，大加讚賞。因關彼國機密，不敢聞奏。三月三日，遣人來試《堅確賦》，已後屢遣其文武戚屬，就臣寓所，虛心質問，隨手批答，得答即喜。四月廿一日，臣聞客寓被盜席捲，衣襆俱空，謁歸會安，十分稱揚羨慕，或者夙憾已銷。但國小氣驕，學淺識陋，頗能拔萃於夜郎，不免觀天而坐井。欲屈臣則恐損其名望，欲就臣則內慚其從官，甘心失人，安知禮士？是以輾轉持疑，委難自決，至今尚未親見，又不明言遣行，使臣目送歸舟。血枯腸斷，況資裝俱竭，肘見履穿，僮僕遁逃，伶仃孤苦，肌膚憔悴，形容枯槁，遣日如歲。若至明年此日，誠恐雞骨支離，久填溝壑，況能光輔主上大業中興？儻主上必不忍棄臣於外，乞勅藩臣明言索取，彼必不敢再復拘留。臣坐則意馳，行則忽忽，不知其所往，率率草疏再陳，伏祈宸鑒。監國魯丁酉年五月二十七日，恩貢生臣朱之瑜具。」

　　續書尾附：自六月初三拜書之後，連日嘔血不止。上林射雁，

應已展帛於中朝。北澥乳羝，毋使落旄於下國。寥寥數語，耿耿丹衷。楮尾續言，撫膺增痛。

《跋安南供紀事》釋獨立性易

乾坤亟覆，慘出奇常。大地羶羣，荷存逋跡。歲癸巳秋，易與先生，天涯把臂，是寄足於潁川居士之門。冬抄，先生遽以南服分行，翩翩振手，一瞬目間，竟成八載。甲午冬，易自改觀安禪，為容客老。乙未秋，遊行神洛，飄然異國。野鶴孤蹤，不靳東西南北，齒黃髮白，緣難再親。頃戊戌夏，先生應監國召，問渡長崎。易時曠觀東武，三千里外，荷出慰言縷縷者，不勝肉骨，即欲半面襟期附之神馳而夢越矣。己亥春，易以養病還崎，又復附書珍重，高山海濶，地遠天空，而先生惓惓於鄙人者若是。自患脚根病痼，乃爾閉關，究心摸索。今夏忽逢先生再臨，幾何覿面，非天與作緣當莫能焉。圓光一隙，屢屢傾心，至聞有《安南紀事》，再至請觀，幸出披讀，為不勝嘉歎曰：於戲！夫天之正氣，鐘夫君子者，是哉。昔子卿持節單于而不屈者，為有君命也。今先生以逋臣客軌，執義自高，不為磬折，死亡不顧，言奪氣爭，錚錚鐵石，今古上下，無其事，無其人。自視孤虛一命，益挫益堅，得俾從容履蹈，使荒裔知有凜凜大節。不因國破，全斯中外高風，可稱今古第一義幟，悠悠遐屬，轉盛怒為歡心，折矜持為下走。復自作賦答書，金玉其徽，不受毫末之塵，飄然返楫，三聘徵君，先生為不負明光於一日矣。今者一羣夏屬，裂峨冠而鼠尾，祖左袵而馬蹄，臣甘孤貉，視此紀事，能不棄頭而自泣否。子輿氏曰：不恥不若人，何若人有。今日為何如？

越南歷代史事及文化

　　陳荊和教授撰有〈林邑建國之始祖人物：區隣、區連〉一文，載《學術季刊》第 4 卷第 3 期（1956）。林邑是古國，即占婆，故地在今越南中部，原為日南郡象林縣，二世紀時，象林縣功曹之子區連，在此地建國。陳壽《三國志》稱林邑（象林簡稱），該地碑銘則向稱占婆。立國一千五百餘年，至 1693 年被越南吞併。

　　區連亦稱區隣，或作區逵、區達，於中國東漢年間（一說 137 年，一說 190-192 年）乘亂領導土民起義，奪取縣城，殺縣令，自立為王，建占婆國（亦即林邑），占婆史稱他為釋利魔羅王。

　　陳教授另有〈五代宋初之越南〉，載《中越文化論集》（1956）。五代（907-960）、北宋（960-1197），在安南（唐朝安南都護府），吳權於 939 年起兵稱王，宣告獨立。968 年丁部領平息「十二使君之亂」，建大瞿越。丁部領（923-979）原名丁桓，在「十二使君之亂」時期（944-968）是布海口（今太平省）一帶使君陳明公的裨將，「部領」即陳明公所授職官的稱謂。陳明公死後，丁部領成為該「使君」的軍事首領，經二十年征戰，打敗了各使君，重新統一全國，自稱丁勝王，968 年即帝位為「大勝明皇帝」。973 年，宋太祖授節

度使，封交趾郡王。

　　979 年，丁部領被殺，十道將軍黎桓與朝臣立丁部領六歲次子丁璿為帝，自稱「副王」，翌年自立為帝，建前黎朝。1005 年黎桓死後，諸子爭位，黎龍鋌殺太子奪位，至 1009 年死後，李公蘊被擁立為帝，建立李朝。1054 年改國號為「大越」，至 1225 年，外戚陳氏篡位，建立陳朝。

　　陳朝強迫全國李氏改姓阮，注重武備，推行「寓兵於農」政策，曾於 1257 年、1285 年和 1288 年三次抗擊元軍入侵，又多次寇掠占婆。共歷十三年，因連年用兵，經濟凋弊，1400 年外戚胡季犛篡位，建立胡朝。陳荊和教授撰有〈越南陳朝事略〉一文，載《臺灣陳大宗祠德星堂重建五十週年慶祝記念特刊》（1961）。

　　1406 年（永樂四年），明朝應陳氏後裔陳添平的請求，出兵干預；翌年，胡季犛、胡漢蒼父子為明軍俘獲，胡朝遂亡。1418 年，黎利起兵，經十年戰事，迫使明朝撤軍，1428 年即位為黎太祖，建後黎朝。1470 年黎聖宗侵佔占婆京都，改設廣南道（義平省）。至十五世紀末，後黎朝由盛轉衰。1527 年莫登庸篡權，建莫朝（史稱北朝）；後黎朝偏安南部（史稱南朝），形成南北對峙之勢，1592年，南朝鄭氏滅莫朝，南北朝分爭的局面結束。鄭氏獨攬大權，後黎朝名存實亡，至 1789 年，王朝被西山軍所滅。西山起義領袖阮文岳於 1778 年稱帝，建「西山朝」政權；1787 年稱「中央皇帝」，封其弟阮文惠為「北平王」，次年阮文惠亦稱帝。但阮氏兄弟互相攻伐，喪失民心；1802 年阮福映借助法國勢力，推翻西山朝，建立阮朝，翌年改國名為「越南」。對外實行擴張，在 1830 年代幾乎吞

併老撾和柬埔寨，但法國殖民入侵步步進逼，1862 年越南與法國簽訂《西貢條約》，1884 年又與法國簽訂《第二次順化條約》，越南遂淪為法國殖民地，雖然中圻在名義上仍由阮朝管轄，但已沒有實權，1945 年越南發生「八月革命」時被推翻，越南封建王朝的統治至此遂告結束。（表三）

表三　越南歷史年代表

朝代	年代	君主
吳朝	939-965	吳權 (吳王) 等
丁朝〔大瞿越〕	968-980	丁先皇 (丁部領) 等
前黎朝	980-1009	黎大行皇帝 (黎桓) 等
李朝〔1054 年改國號為大越〕	1009-1225	李太祖 (李公蘊) 等
陳朝	1225-1400	陳太宗 (陳煚) 等
胡朝	1400-1407	胡季犛 等
(後) 陳朝	1407-1413	陳簡定等
屬明朝時期 (1414-1427)		
後黎朝〔南朝〕	1428-1789	黎太祖 (黎利) 等
莫朝〔北朝〕	1527-1592	莫太祖 (莫登庸) 等
鄭氏	1539-1788 執政	鄭檢等
西山朝	1778-1802	泰德帝 (阮文岳) 等
阮朝〔1803 年改國號為越南〕	1802-1945	阮世祖 (阮福映，即嘉隆帝) 等

第一章　越南歷史分期和政治

　　陳荊和教授有一篇論文記述十七、八世紀越南的南北對立，對越南歷史變遷作了概略的說明，指出越南歷史可以概括為三個時期，即北屬期、自主時代及共和期；文中又對十七八世紀的越南政治作出說明，縷述北鄭、南阮持續百多年的對立和紛爭，指出其影響，關係越南的發展甚大。

第一節　越南歷史的三個時期

　　首先是「北屬期」，始於公元前 214 年秦始皇開設三郡，經公元前 111 年漢武帝置九郡（包括交趾、九真、日南三郡），再經後漢、三國、魏晉南北朝、隋唐以至五代，大約一千一百五十年，現時北圻及中圻之一部為中國統轄的領土。[1] 陳教授說：「其間雖然發生了若干次大小規模的叛變，但大體上都在中國歷朝直接統治之下。所以此時期之歷史是中國史之一部分，不論土著越人，漢人都是中

1　越南之地，夏商周三代時稱為交趾，秦時稱為象郡；漢武帝平南越國，於 111 年置九郡，其中三郡在今越南：（一）交趾：今河內一帶，舊稱北圻；（二）九真：今越南清化、義安、河靜三省；（三）日南：今為廣南以南，平定、富安等七省，舊稱中圻。越南之地，三國時期改名為交州；至唐代，又改稱為安南。有關史事，可參考呂士朋著《北屬時期的越南：中越關係史之一》（香港：新亞研究所，1964）。此書共有四章，依次為〈上古時期的中越關係〉、〈秦漢對南越的征服與開發〉、〈六朝遞變時期的交州〉、〈隋唐五代時期的越南〉。

國的人民。」[2]

　　第二個時期是「自主時代」，即獨立王朝時期；939 年五代吳權獨立以後，經過丁、前黎、李、陳、黎（後黎）、西山、阮之諸朝，以至 1945 年，大約一千年。[3] 越南的疆域逐漸向南擴張，至十九世紀初，阮朝初期統一了南、北、中三圻，但三圻統一僅僅八十年，越南就變成法國的保護國。阮朝雖維持至 1945 年，事實上已喪失了主權。在第二期中，也有幾個間斷的時期，包括陳末胡季犛之篡奪（1400-1407）、明屬時期（1414-1427）、莫氏（登庸）之篡立（1527-1592）等。

　　第三個時期是「共和期」，太平洋戰爭結束後，1945 年 8 月，在河內成立了越南民主共和國，同時宣佈恢復國家獨立。當時的共和國由越南獨立同盟（越盟）主持，領土不包括南圻。此後發生了大約十年的法越戰爭，至 1954 年簽署《日內瓦協定》，實現了停戰，形成北越、南越兩個政權。1955 年 11 月，越南戰爭（越戰）爆發，至 1975 年 4 月美國從越南撤軍，南北越統一為越南社會主義共和國。

2　陳荊和〈十七、八世紀越南之南北對立〉，《南洋大學學報》第 2 期（1968），頁 160-164。

3　唐宋時，區內大亂，割地稱雄者凡十二處，俱號「使君」，並稱「十二使君」。州刺史丁公著之子丁部領起而肅清群雄，成一統之業，於 968 年（北宋開寶元年）稱帝，建立大瞿越國。自大瞿越國建立時起，移居越南的中國人方可算是華僑，研究越南華僑史從宋代開始，就是基於這個原因。

第二節　十七八世紀之越南政治

　　明朝直接統治越南（即明屬時期）之晚期，黎太祖（即黎利）
起兵打退明軍，收回疆域，於 1428 年登位稱帝。其後權臣莫登庸
篡立，致使黎朝中斷了一百年；1529 年黎朝舊臣阮淦逃亡寮國，計
畫恢復黎朝，並於 1533 年擁立昭宗之子黎寧為莊宗，逐漸擴大其
勢力範圍，於 1542 年佔取清華、乂安，一面派人到明廷，強調莊
宗為黎朝正統，並請求明朝幫助。

　　阮淦的部下當中，最有力量的人物是他的女婿鄭檢。1545 年阮
淦被暗殺後，鄭檢握有領導權，更積極地與莫氏作戰，但鄭、阮兩
氏在內部明爭暗鬥。阮淦長子阮汪被暗殺，次子阮潢透過其姊玉寶
（鄭檢之妻），要求到順化為鎮守。得到允許後，阮潢南下順化，努
力開拓，得到人民愛戴。1593 年，黎軍在鄭檢次子鄭松指揮下，恢
復東都（昇龍）；阮潢帶領部屬北返，向世宗道賀，並在東都逗留
七年。後因鄭松在黎朝專橫過甚，遂於 1600 年藉辭返回順化。為
了要消除鄭氏的疑慮，阮潢將女兒玉秀嫁給鄭松的長子鄭梽；1613
年阮橫去世後，由第六子阮福源（佛主）繼承總鎮地位；其後子孫
相繼，形成與鄭氏對立的勢力。自 1620 年阮福源發覺兩弟與鄭松
通謀，拒絕繳賦給北方的黎廷，雙方關係逐漸惡化，至 1627 年就
發生北鄭、南阮之間第一次軍事衝突。敵對關係維持了四十五年，
至 1672 年雙方才休戰，以瀘江為界，持續對立關係逾百年，直至
1774 年。南北分爭時期共有十三次戰爭。（表四）

　　在這一連串敵對、對立的年代，北方的鄭主控制了黎朝實權，

代代封王：鄭氏自鄭松時起，設立公署，稱王府或府僚，設六番代替黎朝的六部，又設掌府事、署府事負責軍政事務。阮氏當初稱總鎮，1692 年第六代阮福淍（明王）開始稱「國主」，第八代阮福濶（武王）則稱「國王」，但未曾建國號或年號，依然奉黎朝之正朔。在越南史上，稱這個時代為「南北分爭時代」或「鄭阮兩主對立時代」。陳荊和教授指出，論者或以 1550 年阮潢南下視為抗爭之開端，其實阮氏有意抵抗鄭氏，是從 1620 年佛主第八年開始。接着又分析了鄭阮南北分爭持續一百七十多年的原因和形勢，以及對越南歷史的影響，一是南進之促進，二是南、北、中三圻地域觀念之形成。

表四　北鄭、南阮的戰爭情況

次序	戰況
第一次（1627.4） 佛主 —— 鄭梉 1630.5 1631.9	• 在日麗河（洞海河口）之戰鬥；鄭方陸海軍被破，引返 • 完成長育壘 • 完成日麗壘（今廣平長成）
第二次（1630.10） 佛主 —— 鄭梉	• 阮軍突襲「南布政州」（今河青省南部，布澤）置布政營，於是阮方已進至灢江南岸
第三次（1634.1） 佛主 —— 鄭梉	• 在南布政之衝突，鄭軍未能收復南布政；佛主第三子（廣南鎮守）漢之內通，失敗
第四次（1640.9） 上主 —— 鄭梉	• 阮軍攻取「北布政」（今廣澤在灢江北岸），但不久還給北鄭

次序	戰況
第五次（1643.3-5） 上主——鄭梉	• 在南布政之戰鬥，鄭軍引返
第六次（1647.2-3） 上主——鄭梉	• 南阮之大勝利，將鄭軍驅逐到灝河之北方 （宋氏之內通）
第七次（1655.3-56.7） 賢主——鄭梉 1657.3	• 最長期之戰爭，結果阮軍北進，佔取藍江 以南之地。阮方優勢 • 朱舜水被強徵
第八次（1657.7-10） 賢主——鄭柞	• 在藍江南岸清漳、同昏之戰鬥
第九次（1658.7-1659.2） 賢主——鄭柞	• 阮軍渡過藍江，在乂安東南部之戰鬥；爭 奪乂安七縣
第十次（1660.9-12） 賢主——鄭柞	• 南北戰爭之轉戾點，阮軍放棄乂安七縣， 退回南布政州
第十一次（1662.1-3） 賢主——鄭柞	• 阮方確保灝江南岸（南布政）
第十二次（1672.7-12） 賢主——鄭柞	• 雙方在洞海、鎮寧兩壘及日麗海口相搏， 結果雙方停戰，以灝江為界
第十三次（1774.6-75.1） 定主——鄭森	• 乘阮主境內西山之亂，阮主無暇北顧，北 兵南下攻擊，阮軍潰敗，鄭兵佔取富春城 （順化），定主逃亡南圻

第二章　越南的近代化步伐

　　陳荊和〈越南文明開化之步驟：阮長祚與陳仲金〉，載《南洋與中國：南洋學會四十五周年紀念論文集》(1987)。此文藉着近代

越南兩位知識人士阮長祚、陳仲金的生平事蹟，反映了越南走向近
代化的歷程，並與同時期中國的洋務運動、變法運動和日本的明治
維新相提並論。文中亦提到嗣德帝「是一位既有學問又對遠東情勢
有相當了解之人物」，他對越南之急速近代化，採取了種種必要之
措施，以及在這個過程中越南人士與香港的一些關係。

第一節　阮長祚的生平事蹟

阮長祚（1828-1871）生於乂安省興源縣斐州村，是中醫阮國
書之子。受越南傳統教育，亦擅長算數且有科學頭腦，為天主教
徒，曾傳授教友中文，又學習法文和拉丁語。1859 年訪問意大利、
法國，1861 年取道香港暫住，返回西貢，擔任翻譯。翌年阮廷被迫
與法國、西班牙締結協定，阮長祚處於越南政府與法國在越機構的
狹縫中，頗覺苦惱，曾寫了陳情表呈嗣德帝，立誓對自己的國家民
族忠誠不二。1865 年，阮長祚回故鄉斐州，幫助農民改良水利和開
墾荒地，建設村落，設置教堂。次年受命調查乂安、河靜兩省的地
下資源，並受安靜總督黃佐炎之請，成功鑿穿名為「鐵港徑」的運
河，對地方開發作出了貢獻。阮朝政府又派他前往法國，擔當招聘
技術人員和購買機械之責。1868 年再度奉命出差法國，1871 年受
命率領越南留學生赴法，均因身體有病，無法成行。

1862 至 1871 年間，阮長祚曾十五次上疏嗣德帝及有關大臣，
條陳內政、外交、軍事等各方面事宜，包括宗教問題、選派留學生
出國進修、交通及與外國通商、向香港富商借款以增強國防、修整

武備、關於西方情勢、關於農政改革、學習儲才，關於天下大勢、外交、開礦等。

　　二十世紀初，越南民眾因教育普及，知識水平及民族意識均有所提高，形成新的越南文化之風潮，而有代表此一風潮的近代知識人士阮文永、范琼、陳仲金等。阮文永（1882-1936）是記者、啟蒙運動家，曾擔任《六省新聞》、《東洋雜誌》、《中北新聞》主筆。范琼（1892-1945），是評論家及改良主義者，1917 年創辦《南風雜誌》，是越南最早的文藝學術綜合雜誌，至 1924 年總共發行了二百一十一期。

第二節　陳仲金的生平事蹟

　　陳仲金（1883-1853）生於河靜省儀春縣丹舖社。畢業於河內翻譯學校，留學法國牟蘭師範學校，回國後擔任中學及師範學校教員、視學官、小學校長，在教育界任職逾三十年。著作甚多，計有《初學倫理》、《師範科要略》、《初學安南史略》、《斷腸新聲》、《黎朝四十七條教化條例》、《越南史略》、《儒教》、《佛錄》、《越南文範》等。其中《越南史略》是最早用越南文字寫成的越南通史，在越南史學上具有劃時代的意義。書中主張應視西山政權為正統王朝，是其獨特見解。

　　陳仲金去世後，1969 年始出版的《身處風塵中：見聞錄》，記述他在戰時和戰後滯留新加坡、曼谷的情景，在日本軍政下擔任越南首相的經過，以及戰後在香港、廣州、金邊的流浪生涯。陳仲金

曾謂阮長祚是越南近代的開始，而他則是現代人物，陳荊和在其論文結語中，謂為「書生報國」，在相隔不遠的歷史時期，為越南近代化路向走出了各自的步伐。[4]

第三章　《嗣德聖製字學解義歌譯註》

《嗣德聖製字學解義歌》是越南阮朝翼宗英皇帝（1829-1883）所撰，大約成書於其晚年，而於 1898 年（成泰十年）付印頒行。翼宗在位三十六年（1847-1883），年號嗣德，卒年五十五歲，歷史上亦稱他為嗣德帝。其時越南遭逢中法越南戰爭，在面對外侵的情況下仍不忘文治，除有詩文著作外，尤熱心於編史事業，阮朝官撰重要史籍，多在這個朝代完成。

第一節　普及漢學民間化的著作

《字學解義歌》以越南民間流行的六八體演歌形式寫成，即把漢字和喃文註義的部分排成六字句及八字句相承的演歌；內容分為堪輿、人事、政化、器用、草木、禽獸、蟲魚七類，共十三卷。採字義相隨方式，先舉漢字，接以字喃釋義，遇音義較生疏之漢字，

4　陳荊和以日文介紹陳仲金的《身處風塵中：見聞錄》，《創大亞細亞研究》第 1-4 號（1980-1983）。另有〈嗣德時代越南的近代化志向與香港〉，《創大亞細亞研究》第 12 號（1991），亦可參考。

則附註音，另用漢文解釋生字的字義，實具有一部簡化漢越字典的
基本條件。此書亦隱約可見翼宗撰著的目的，是希望促進漢學在民
間之浸透與普及，並期盼學問之民間化。

　　陳荊和編校《嗣德聖製字學解義歌譯註》（香港：中文大學出
版社，1971），404頁。鑑於《字學解義歌》在越讀及字喃研究上
之重要性，特將全文譯成現行的國語字，與原文一併刊行，並據
《康熙字典》訂正誤字或音註的誤刻，又附音註校勘記以供參考。

　　陳教授指出，《字學解義歌》對於吾人所引起之興趣，首先是
書名既冠以「嗣德聖製」四字，可認為是阮朝晚期官撰的一部標準
漢越字典，其所註之音應屬當時越南之標準音，對字喃字的統一，
提示了比較標準的榜樣，在越讀及字喃研究方面，實在有一定的重
要性。

第二節　字喃和越南文

　　古代越南一直使用漢字，後來用漢字結構和形聲、會意、假
借等創字法創立「字喃」（Chi-Nom），中譯作「喃字」，意即「南
國文字」。為方塊字，最早見於李朝高宗治平應龍五年（1209）的
《報恩碑》，至陳朝才系統化，文學家阮詮首用字喃作詩賦，後黎朝
時較為盛行。因比漢字還要難學、難記和難寫，所以始終未佔主導
地位。十七世紀時，用拉丁字母拼綴越南語；十九世紀時，經改進
後，法國殖民政府下令規定用作越南的「國語」，成為現時的越南
文。所謂「國語字」，只是將羅馬字稍加改變而已。

第五篇

越南史籍之校訂與刊行

　　越南歷代王朝以漢文作為行政及學術上使用的文字，史料和史書雖多出於越南人之手，而主要都用漢文撰寫，直至十九世紀淪為法國殖民地後，此一習慣始告結束。不過遲至二十世紀初，一些越南人還有使用漢文寫作的習慣，例如潘佩珠的《越南亡國史》（1905），便是以漢文撰寫。[1]

　　陳荊和教授在整理越南史籍方面，用力至勤。早在 1961 年，便有《黎崱〈安南志略〉校定本》，由越南順化大學出版。《安南志略》是越南現存最古的史書，屬地方志，1333 年黎崱撰，1339 年加筆。體例仿中國方志，共二十卷，通行本為十九卷，內容與二十卷本相同。此書是越南降元以後，越南人在中國撰寫和出版的

1　潘佩珠（1867-1940），近代越南民族運動領袖。原名文明，號巢南。1904 年創立越南維新會，倡導留學日本的「東遊運動」。翌年至日本，曾與中國政治家梁啟超、孫中山有聯繫。1912 年在中國廣州組織越南光復會，1924 年籌備建立越南國民黨，翌年在上海法租界被捕，軟禁於順化，直至去世。所著《越南亡國史》，1905 年由橫濱的新民叢報社出版。因收錄於梁啟超的《飲冰室專集》之中，致被誤認為是梁啟超所著。參閱周佳榮〈梁啟超與《越南亡國史》：近代中越關係史上的一段插曲〉，載氏著《新民與復興：近代中國思想論》第二版（香港：香港教育圖書公司，2008），頁 82-93。

著作，所載不限於歷史方面，而及於地理、制度和詩文，是了解陳朝（1225-1400）及此前歷史的基本材料，對研究越南古代史地頗有價值。

1961 年在順化出版的越南音譯、語譯本，是以通行本為底本，用內閣文庫、靜嘉堂文庫、倫敦大英博物館所藏的三種寫本校勘，書後附有原文。此書另有法文譯本（1896），現時較常見及方便的，是武尚清點校本，由北京中華書局於 1995 年出版，列入「中外交通史籍叢刊」。[2]

研究越南前近代史最基本、最重要的史書，是黎朝史官吳士連等撰修的編年體正史《大越史記全書》，陳荊和教授主持此書的校勘工作，多年後「校合本」終底於成。

第一章 《校合本‧大越史記全書》

陳荊和編校《校合本‧大越史記全書》上、中、下冊，東京大學東洋文化研究所附屬東洋學文獻中心出版，1984-1986 年，1228頁，列為「東洋學文獻中心叢刊」第 42、44、47 輯。上冊書首有陳荊和撰解題〈大越史記全書之撰修與傳本〉，分為兩章：第一章敘述《大越史記全書》及《續編》的撰修概況，第二章介紹《大越史記全書》的傳本，包括黎朝正和十八年（1697）刊本、西山朝景

---

2   周佳榮〈越南漢文史籍解題〉，載氏著《亞太史研究導論》（香港：利文出版社，1999），頁 83-84。

盛庚申年（1800）刊本等，接着有〈校合本的體裁及凡例〉。參加校註的人員包括曹永和、趙效宣、余煒、楊祖靈，協助謄寫原稿的計有林啟彥、周佳榮、易彬乾、潘源良、潘詠玉、張蓮女，並由武澎東負責校正及製作附表。此書〈前言〉、〈後記〉對校訂《大越史記全書》的經過，有詳細交代。

第一節　《大越史記全書》的內容

　　《大越史記全書》乃越南黎朝史官吳士連[3]等撰修的編年體正史，是研究越南前近代史最基本、最重要的史書，以下列兩種著作為基礎，編修而成。

　　（一）《大越史記》：陳太宗時（1225-1258），榜眼黎文休（又稱黎休）[4]奉敕撰，於聖宗紹隆十五年（1272）成書，共三十卷。此書採編年體記載公元前三世紀末至公元十三世紀初的史事，始於趙武帝（207），終於李昭皇（1224），是越南第一部正史。今已失傳，只有一些評論以「黎文休曰……」的形式保存在《大越史記全書》之中。

3　吳士連（1400-1497），越南後黎朝大臣、歷史學家。1442 年進士，入翰林院，1459 年遷都御史，聖宗時因獲罪而被貶十年。博覽群書，研究中國程朱理學。1471 年重新起用，官至禮部右侍郎、朝列大夫、國子監司業兼任史官，1479 年撰成《大越史記全書》。

4　黎文休（1229-？），越南陳朝大臣、歷史學家。1247 年中榜眼，官至兵部尚書，封仁淵侯。在翰林院學士兼國史院監修任內，奉太宗之命，編撰《大越史記》，於 1272 年成書。

（二）《史記續編》：黎仁宗時（1442-1459），命潘孚先[5]補修《大越史記》，始自陳太宗（1225），終於明朝放棄交趾（1427），共十卷，1455年成書。

黎聖宗洪德年間（1470-1497），復命吳士連重修。吳士連根據前二書，於1479年完成《大越史記全書》。此書分為兩編：前編稱為「外紀」，有五卷，記事始自傳說中的鴻龐氏，迄於平定十二使君（967）；後編稱為「本紀」，有九卷，始自丁先皇（即丁部領，968-979在位），止於黎太祖（1428）；再加《黎太祖紀》一卷，全書共十五卷。

1665年，范公著奉命續修《大越史記全書》，增加撰者不詳的《本紀實錄》五卷，及范公著編《本紀續編》三卷，成為二十三卷本。《本紀實錄》始自黎太宗（1434），迄黎恭皇及莫朝初年（1532）；《本紀續編》起於黎莊宗（1533），至黎神宗（1662）為止。正和十八年（1697），黎僖撰成《本紀續編追加》一卷，又增加1662至1675年黎玄宗和黎嘉宗兩朝實錄。黎僖所修之收，即為《大越史記全書》的最後修訂本，至此全書遂告完成，頒行天下。

總括而言，《大越史記全書》共有二十四卷，包括《外紀全書》五卷、《本紀全書》九卷、《本紀實錄》六卷、《本紀續編》三卷、《本紀續編追加》一卷。採編年體，並仿中國西漢司馬遷《史記》之例，

5　潘孚先（1370-1462），越南後黎朝的歷史學家。1429年任國子監博士，主持國史院。1455年奉命編修《大越史記續編》，所敘史事始自1225年陳太宗即位，至1428年黎利建後黎朝。但原書已佚。

在敘事後加作者評論，但無紀、傳、志、表。現存越南古代史書之中，以此書最為重要。（表五）

第二節　《大越史記全書》的傳本

《大越史記全書》除最初的刻本外，西山朝時代、阮朝均有版刻或復刻。1885 年，日本人引田利章在日本以活字印刷，成為通行本，但錯漏頗多。1967 至 1968 年間，越南社會科學委員會出版了全六冊的越南語譯本。陳荊和編校的《校合本・大越史記全書》於 1984 至 1986 年出版，加標點和註釋，對研究者最稱方便。其後有孫曉主編的標點校勘本《大越史記全書》全四冊，西南師範大學出版社 2015 年出版。

表五《校合本・大越史記全書》篇目

卷次	篇目（總共年數）	頁數
外紀卷首	全書序、全書表、續編書、續編序、凡例、目錄、越鑑通考總論	上，頁 1-94
外紀卷之一	鴻龐氏紀（2622 年）：涇陽王、貉龍王、雄王、後王 蜀氏紀（50 年）： 安陽王	上，頁 95-104
外紀卷之二	趙氏紀（97 年）：武帝、文王、明王、哀王、術陽王	上，頁 105-122

卷次	篇目（總共年數）	頁數
外紀卷之三	屬西漢紀（149 年） 徵女王紀（3 年）：徵王 屬東漢紀（144 年） 士王紀（40 年）：士王	上，頁 123-134
外紀卷之四	屬吳晉宋齊梁紀（314 年）：附趙嫗 前李紀（7 年）：前李南帝 趙越王紀（23 年）：附桃郎王，趙越王 後李紀（32 年）：後李南帝	上，頁 135-154
外紀卷之五	屬隋唐紀（304 年）：附黑帝都君 南北分爭紀（32 年）：曲節度、楊正公 吳氏紀（29 年）：前吳王、後吳王、吳使君	上，頁 155-176
本紀卷之一	丁紀（13 年）：丁先皇、廢帝 黎紀（29 年）：大行皇帝、中宗皇帝、臥朝皇帝	上，頁 177-204
本紀卷之二	李紀（216 年）：太祖皇帝、太宗皇帝	上，頁 205-238
本紀卷之三	聖宗皇帝、仁宗皇帝、神宗皇帝	上，頁 238-282
本紀卷之四	英宗皇帝、高宗皇帝、惠宗皇帝、昭皇	上，頁 283-318
本紀卷之五	陳紀（174 年）：太宗皇帝、聖宗皇帝、仁宗皇帝	上，頁 319-370
本紀卷之六	英宗皇帝、明宗皇帝	上，頁 371-410

卷次	篇目（總共年數）	頁數
本紀卷之七	憲宗皇帝、裕宗皇帝、藝宗皇帝、睿宗皇帝	上，頁 411-450
本紀卷之八	廢帝、順宗皇帝、少帝、附胡季犛、胡漢蒼	上，頁 451-490
本紀卷之九	後陳紀（7 年）：簡定帝、重光帝 屬明紀 (4 年)	上，頁 491-512
本紀卷之十	黎皇朝紀：太祖高皇帝	中，頁 513-566
本紀卷之十一	太宗文皇帝、仁宗宣皇帝	中，頁 567-636
本紀卷之十二	聖宗淳皇帝上	中，頁 637-692
本紀卷之十三	聖宗淳皇帝下	中，頁 693-752
本紀卷之十四	憲宗睿皇帝、肅宗欽皇帝、威穆帝	中，頁 753-790
本紀卷之十五	襄翼帝、陀陽王、恭皇，附莫登庸、登瀛	中，頁 791-842
本紀卷之十六	莊宗裕皇帝，附莫登瀛、福海、福源；中宗武皇帝，附莫福源；英宗峻皇帝，附莫福源、茂洽	下，頁 843-870
本紀卷之十七	世宗毅皇帝、附莫茂洽	下，頁 871-920
本紀卷之十八	敬宗惠皇帝、神宗淵皇帝上、真宗順皇帝、神宗淵皇帝下	下，頁 921-970
本紀卷之十九	玄宗穆皇帝、嘉宗美皇帝	下，頁 971-1004
續編卷之一	黎紀：熙宗	下，頁 1005-1032
續編卷之二	黎紀：裕宗、昏德公	下，頁 1033-1076
續編卷之三	黎紀：純宗、懿宗	下，頁 1077-1102
續編卷之四	黎紀：顯宗上	下，頁 1103-1154
續編卷之五	黎紀：顯宗下、愍帝	下，頁 1155-1211

　　《校合本‧大越史記全書》有附錄一〈越南俗字‧簡體字‧代
字‧慣用漢字對照表〉及附錄二〈避諱欠劃字表〉，方便使用者參
考。陳荊和教授在此書的〈後記〉中說，黎崱《安南志略》的校本，
在他主持順化大學越南史料翻譯委員會時完成，1961 年由順化大學
出版；《大越史記全書》和《大越史略》兩種校合本，亦由他編校
完成。至於潘輝注的《歷朝憲章類誌》[6]、鄭懷德的《嘉定通志》[7]、《大
南一統志》（北圻、南圻之部）[8] 等越南前近代史重要典籍之研究、

6　《歷朝憲章類誌》：阮朝潘輝注（1782-1840）撰，是越南唯一的類書，乃研究黎朝歷史的
　　基本史料。1821 年完成，以寫本傳世。共四十九卷，分為輿地誌、人物誌、官職誌、禮
　　儀誌、科目誌、國用誌、刑律誌、兵制誌、文籍誌、邦交誌，分類及整理有關黎朝的史
　　料和記事，並作扼要的記述。此書的刑律誌和國用誌，有法語譯註（1905-1932）。1957
　　年，西貢出版了官職誌、國用誌、刑律誌和越南語譯，附原文及音譯；1960 至 1962 年，
　　河內把全書譯成越南語，陸續刊行。

7　《嘉定通志》：阮朝鄭懷德撰於明命元年（1820），三卷，卷數後人有所增加，分為星野、
　　山川、疆域、風俗、物產、城池六志。舉凡南圻之建置、疆域、風俗、物產、商賈、水
　　利、交通、城鎮，均有記述，尤注意歷史沿革和華僑事蹟，是研究阮朝初年歷史、越南
　　華僑史的重要文獻材料。

8　《大南一統志》：記述阮朝版圖的地誌。翼宗嗣德十八年（1865）敕令國史館仿中國清朝
　　敕撰書《大清一統志》進行編述，於嗣德三十五年（1882）完成。其後有所補續，但
　　1885 年乙酉之役，咸宜帝敗於法軍，蒙塵之際，稿本部分散失。成泰十八年（1906）重
　　修，維新三年（1909）刊刻。成其事者，為國史館總裁高春育。由於當時越南在法國支
　　配下分割為三個地區，刊刻內容只限於保護王國安南所在的中圻諸省，北圻、南圻各省
　　內容仍以稿本形式流傳下來。此書共十七卷，列目二十三條，載錄各省的疆界和沿革，
　　及府縣的分轄、形勢、氣候、城池、學校、戶口、田賦、山川、古蹟、祠廟、陵墓、寺
　　觀、關汛、驛站、橋樑、市舖、人物、僧釋、土產等。雖然若干地方只有片斷記述，欠
　　統一性，但畢竟提供了大量有關十九世紀末年越南地理的貴重資料，可以作為歷史研究
　　的參考。1941 年，日本印度支那研究會松本信廣將此書分兩冊影印出版。

整理和校合，則有待年輕研究者繼續努力。（頁 1228）

第二章《大越史略》及《大南實錄》

在《校合本‧大越史記全書》刊行之前，陳荊和編校《校合本‧大越史略》由東京創價大學亞洲研究所於 1987 年出版，101 頁。《大越史略》又名《越史略》，是越南最早的編年體史書，撰人不明，或謂作者為胡宗鷟，大約是陳朝昌符年間（1377-1388）的著作，共有三卷。上卷起自傳說時代，迄於前黎朝滅亡；中下卷皆載李朝（1010-1225）史事，記述特詳，因陳朝改李姓為阮，故書中李朝之「李」均作「阮」及阮朝。書後附陳朝紀年。[9]

一般認為，《大越史略》是簡化《大越史記》之作。無論如何，此書與《大越史記全書》同為考察李朝及此前史事的基本材料。《大越史略》在越南國內已失傳，流傳於中國，收入《四庫全書》；此外，亦為《守山閣叢書》、《皇朝藩屬輿地叢書》、《叢書集成》所收。有越南語譯（1960）。日本學者片倉穰編有《大越史略索引》（廣島：溪水社，1990）。

至於越南阮朝歷代皇帝的編年體實錄《大南實錄》，共五百八十四卷，阮朝諸臣奉敕撰，是研究阮朝的最重要史料。當中有部分內容涉及中國明清時期的記載，可供中國史學者參考。陳荊

---

[9]　陳荊和〈《大越史略》：其內容與編者〉，載《山本達郎博士古稀紀念論文集：東南亞‧印度的社會與文化》下（1980）。

和教授對於《大南實錄》與阮朝硃本，亦有專文予以說明。**10**

　　阮朝世祖嘉隆帝於 1811 年下令撰修《國朝實錄》，至憲祖紹治四年（1844），首先以廣南封建領主時代阮氏歷代各王的實錄，作為《前編》十二卷上梓。嘉隆帝以下歷代皇帝的實錄，由國史館編修，從嗣德元年（1848）至維新三年（1909），相繼刊刻了《正編第一紀》（世祖實錄）、《正編第二紀》（聖祖實錄）以至《正編第六紀》（同慶帝實錄），共計四百四十一卷，另附《大南正編列傳》初集及二集。

　　《前編》的內容，是把越南分裂為安南、廣南南北兩個勢力圈的二百年歷史，從阮氏方面加以敘述。《正編》記載阮朝歷史，對阮朝在抵抗法國侵略及逐漸走向滅亡期間的宮廷動向，有清楚的交代。因避聖祖明命帝皇后之諱，書名「實錄」寫成「寔錄」。此書除刻本外，另有慶應義塾大學言語文化研究所的影印本，1961 年起刊行，至 1981 年共出版了二十一冊。1962 年，河內和西貢都出版過部分的越南語譯。

第三章　潘叔直輯《國史遺編》

　　越南潘叔直輯《國史遺編》，香港中文大學新亞研究所出版，1965 年，395 頁。列為「東南亞史料專刊之一」。此書分為四部

10　陳荊和〈關於《大南寔錄》與阮朝硃本〉，載《稻‧舟‧祭：松本信廣先生追悼論文集》（1982）。

分，即陳荊和〈國史遺編的編者與內容〉及潘叔直輯《國史遺編》
上、中、下三集。

第一節　關於阮朝的史書和著作

陳荊和教授指出，阮朝的社稷，遠自阮潢以鎮守身份在順化
開境拓殖，爾後子孫相繼，另建政制，與北越之鄭主相埒，演成近
三百年之南北對立時代。其間阮氏表面上仍奉黎朝正朔，但歷代稱
主稱王，中國與日本稱為「廣南國」，歐人則稱為「交趾支那」。
及至十七世紀末葉，自廣南至湄公河三角洲之地均歸所屬，前後延
續了三百八十七年，是越南史上為時最久的王朝；但後期為法國所
侵佔，失去國家主權達八十年之久。

關於阮朝歷史，最主要的史籍是阮廷敕撰的《大南寔錄》前
編及正編第一紀至第六紀及《大南正編列傳》初集、二集；除官方
正史外，尚有由阮代越南人士編著的史書、詩文集、地志及雜誌之
類，最重要的，是潘養浩（叔直，1808-1852）所輯的《國史遺編》。
嗣德朝初年，閣臣潘叔直初名養浩（軒），乂安省東城縣雲聚社
人，1808年中秀才應貢，補國子監生，任集賢院侍講，承命求書途
中逝世，追贈侍讀銜，遺著有《錦亭詩文集》。關於歷史方面，除
輯有《國史遺編》外，還外一部《陳黎外傳》，是陳朝及黎朝的補
充史料，亦即《國史遺編》中屢次引用的《外傳》。（頁8-9）

第二節　《國史遺編》的內容

　　《國史遺編》三集，都標明《國朝大南紀》或《大南紀》。上集
首揭「參補玉譜帝系（阮潢以前的祖先十五人的姓名及職位）及皇
考孝康皇帝（世祖生父）的簡歷，然後開始敘述世祖高皇帝自 1802
（嘉隆元年）至 1819 年（嘉隆十八年）間的大事記，文後附參補世
祖祭宋後文。」

　　《國史遺編》中集敘述聖祖仁皇帝明命朝的史事，由 1820（明
命元年）至 1840 年。下集記 1841 至 1847 年間紹治朝的史事。
扼要地說，《國史遺編》採編年史體裁，涉及的年代包括嘉隆、明
命、紹治三朝，由 1802 至 1847 年；從地域上看，收錄的史事，
除阮廷及都城直接有關的事項之外，其餘大多為關於北圻或者在北
圻發生的事件。因此陳荊和教授認為：「由此可推知本編為嗣德四
年（1851）潘叔直奉詔北行求遺書時之著作，其編成年代雖未能
精確地斷定，但總在其北行與去世之間，即嗣德四五年之間（1851-
1852）殆無庸置疑。」（頁 11）

　　《國史遺編》所載的範圍甚廣，關涉各方面的史事，如阮朝頒
發的各種詔令、敕諭、法令、御製詩文，政制之建置及改革，文武
官員之任免、調動及賞罰，叛亂及其鎮壓，外交上之來往（包括阮
廷向清朝之朝貢及清朝對阮朝君主之冊封）及通商、行幸、建設、
科學、稅制、災害、疫病、俗傳、逸問、詩文等，均予收錄，可補
充或參訂《大南寔錄》正編第一、二、三紀及《大南正編》初集、
二集之記事。陳荊和教授在文中並列出幾個例子，以資參考；又

指出其在記述方面的若干特點，包括注重人物之特寫、日期之記載相當仔細及注意宮廷秘聞等，其所誌當具有甚高之可靠性。（頁14-16）

《國史遺編》上集，由頁 1-101；中集由頁 102-338，是三集之中篇幅最多的；下集由頁 339-398，書末附有英文簡介。

文獻選錄：黎朝《申明教化四十七條》

【說明】《大越史記全書本紀》卷十九，黎紀玄宗景治元年（1633）秋七月條，載有《申明教化四十七條》全文，並伴隨有法律制裁的強制意義。陳荊和教授撰有題為〈關於黎朝的教化條律四十七條〉（研究札記），載《創大亞細亞研究》第 13 號（1992.3），頁 91-99。以下是該四十七條的條文：

第一條，為人臣當盡忠效力，文則履正奉公，恪勤職業。其議事則獻可替否，使皆中理，不可雷同緘默，無所建明。其勘訟則分別善惡，使各伸情，不可偏為財義，樹恩結黨。武則衛內悍外，協同心力，其治軍則講辰練法，使悉精銳，不可廢弛教習，不明行伍。其該民則寬征舒力，使能被澤，不可威脅詐術，務行苟虐。如此則可以盡為臣之道。

第二條，為人子當孝敬父母，如見父母年老當晨昏奉養，不可缺乏，並不可分從諸子服作勞役始供飲食，其葬祭惟本於禮，如此則可以盡為子之道。

第三條，為兄弟當相和睦，兄則愛其弟，弟則恭其兄，勿爭財

產，勿聽婦言，而忘骨肉之義。

第四條，為夫婦當相敬愛，篤於恩義，夫當修整閨門，以德化率，不可耽淫酒色。婦當敬事舅姑，無違夫子，不可逞其嫉妒，並不可厭其貧薄，胥相背棄，致傷風化。

第五條，為朋友當止於信，相責以善，相規以正，不可引誘非道，及其不益反相棄背，以虧朋友之道。

第六條，為父母當先修其身，以齊其家，教男子以義方，訓女子以工則，勿許耽淫酒色賭博鬭棋及遊戲淫蕩有傷風化，若父母不能教訓，男女不能聽從，許坊社村長引告該衙門，小則樸教痛懲，大則糾舉治罪。

第七條，為師生當各盡其道，師則先務正己以為士子矜式。門生則尊敬其師，勉敦實學，以德行為本，不可專務於末，背慢其師及遺棄禮法，僥倖代試。違者抵罪。

第八條，為家長當躬行禮法，以齊其家，使一家之人有所視倣，不可自壞禮法，首唱弊端，並朝夕教訓子弟使服勤家事，勿惰四肢，毋作奸非，致陷刑辟，若不能教訓者，抵罪。

第九條，為子弟當尊敬父兄，有飲食則讓其饌，見負戴則代其勞，不可恃其富貴，同席而坐，同盤而食，以失人倫之道。

第十條，為人婦當以順從為務，敬事舅姑，和睦兄弟，不可恃其父母富貴而詆侮其夫家，高聲大語，妒悍任情，動輒求出，並有過失而父母及夫教戒，當革心改過，不得益肆恣心，反相背罵，或奔竄路途或偷寓隣家，馴致淫風，有傷婦道，違者許坊社村長引呈該衙門官，痛加治罪。

第十一條，婦人孀居，不得招致童男，詐稱義養，外則揚敦恩義，內則陰肆姦淫，違者許坊社村長捉送該衙門官嚴治。

第十二條，婦人不幸夫死，或別有妻諸子，當愛恤如一，不得懷其私心挾取財物，陰有外情，違理背常，有傷風化，違者許族長及坊村長捉送該衙門官治罪。

第十三條，婦人不幸其夫早亡，未有子媳，當居夫家，葬祭如法，不得喪中挾取財貨歸父母家，違者許親戚投告，治以重罪。

第十四條，居鄉黨，當長幼有序，以禮義廉恥胥相教訓，為之長者當幼其幼，不可恃其年長而有欺侮之心。為之幼者，當長其長，不可恃其豪富而有驕慢之態。若祈福宴飲等日，當敬讓其長，不可以酒肉之故，互生嫌隙，以乖鄉黨之義。

第十五條，居鄉黨，見便所當興，如田畔、田界、水竇、水關、堤路、溝渠等處，當培築堅實，以防旱潦，可決則決，可塞則塞，併力以行之，見害所當除，如野獸害稼，猛獸害人，當馳告該衙門，併力以去之。若有盜賊豪橫各色等人，則引呈該衙門區處，不得隱縱以害良民。

第十六條，居鄉黨，不可恃其富強，兄弟眾多，輕侮社長，私以詞訟，自為理斷，並欺蔑鰥寡，肆行毆罵，某社有此等人，許社村長引呈治罪。

第十七條，為鄉長，於鄉內或有不平事，當平心率物，講解調和，不得自為教唆，使人爭訟，並擔當者首唱訟謀，及自立私約，脅捉財物，指賣田池土宅，罄竭家產，並禁錮水火，除外鄉飲，有乖法律，違者許投告該衙門，拿送治罪。

第十八條，鄉黨或有戶婚田土人命及諸雜訟，已有該衙門官隨公勘行，其本社村官員豪右及另項，不得私立衙門勾勘諸訟，不分直枉，橫捉錢財，破竭家產，違者抵罪。

第十九條，居鄉黨，男子不得肆其凶黠，無故毆人，女子不得高聲大語罵其鄉里，並不得遊戲淫蕩，偷竊財物，某社有此等人，許社村長引呈治罪。

第二十條，居鄉村，當秉心公正，別白是非曲直，如有爭訟請為證佐，當以實對，不可私徇財貨，黨邪害正，違者抵罪。

第二十一條，居鄉村，近於道路去處，可置亭館者，隨便構作，以便往來諸人宿泊，並沿途家居暮夜之闇，見人暫來宿泊，不得斥拒。其本家及鄉里人，當審查明白，以防奸非。若見有婦人投宿，則謹其關防，不得自肆邪心並縱親戚外人，強行淫污，以取罪戾。

第二十二條，鄉村道路已有界限，如有侵佔為私，以致狹隘者，許社村長勘度，再還舊界以便往來。若強者引呈治罪。

第二十三條，鄉村原有溪港當開通以便舟筏往來。若有填塞者，再疏瀁以通水道，不可私自侵佔為池沼，以取罪戾。

第二十四條，山林川澤，溪港漁梁等處，非原祖業所有，當與眾共，不得佔為己私，不與人同。

第二十五條，社村長當擇良家子弟，識字才幹，年已及格，眾所推服者為之，不可以錢財酒肉之故保置非人，並結為朋黨，別立村甲，互生嫌隙，違者抵罪。

第二十六條，為人當恪勤生業，使衣食有餘，得以仰事俯育，

供其徭役，不可惰其四肢以致貧薄，肆行盜刧，以取罪戾。

第二十七條，為人當以儉約為先，如有祈福、嫁娶、喪祭等禮，其盤饌飲食務要適中，不可競為侈靡，富者欲以勝人，貧者欲以企及，致賣田產，有傷生業，自致貧困。

第二十八條，為人當循理守常，不可倚托權勢，出入公門，言人善惡，囑托詞訟，取人財貨，違者抵罪。

第二十九條，為人當由正道，勿為奸險，如爭產鬥毆等事，故將老弱病疾懷孕之人，陰圖致死及墮胎嫁禍於人。然奸詐情狀卒不可掩，終陷刑戮。

第三十條，為人有三綱五常之道，不可惑於異端。某人有年老，恭奉勒旨，令旨，嘉旨並勘令始得奉事本寺香火。其餘男女不得托為僧尼，避居佛寺及咱隨瞽瞍非類，躲避租稅，陰行淫惡，有傷風化。某社有此等人，一切勒還本貫，各勤生業。若某社村長徇情隱匿，不引告者一體治罪。

第三十一條，為人當平居善俗，不可教唆詞訟，以曲為直，變亂黑白，欲售奸計，規得財貨。然事情顯露，身陷刑辟，並有假作宗親，自為伴訟，得便教唆。如此之類甚為可惡，有必改之。若不能改，必取罪戾。

第三十二條，爭訟之事出於不得已，不可懷怨誣陷良善；以人細過羅織狀訟，妄行告訴，及以私怨作匿名書，並詩歌譏諷，粘在橋梁道路，嫁禍於人，徒自取重罪。

第三十三條，為商賈，當隨其時價，貿易有無，不可變易升斗衡秤尺度，規得小益。如舟行則謹其宿泊，陸行則擇其居止，不可

托為販賣，相聚徒黨，乘間伺隙，潛行盜却，違者許見知員人捉送所在官司治罪。

第三十四條，鄉村橋樑道路，弊漏頹壞者，即隨便相率修葺培築，以便往來，不得留廢以致防阻，違者抵罪。

第三十五條，凡經史子集及文章有裨於世教者方可刊板通行，若道釋異端邪說諸書並國語諸傳及詩歌涉於淫蕩者，不可刊板買質，以傷風化。

第三十六條，為吏當循其常分，勉其當為，修簿牒則戒其顛倒，應事務則懲其怠惰，不得競逐刀筆，弄智舞文，罔知廉恥。違者許該衙門官，小則撲教痛懲，大則糾舉治罪。

第三十七條，凡歷代陵廟並功臣祠墓，不得砍伐竹木，放縱牛羊踐踏破壞，又古人墳墓無人承認者，當存舊跡，不可破壞，有干者引呈治罪。

第三十八條，凡佛寺浮屠，皆無益之事，除已有名藍原額外，若某鄉村無原額佛寺，不得私自構作，勞人費財，違者抵罪。

第三十九條，為人有姓氏，所以別族類，不得冒稱前朝世家子孫，假立宗派文憑，並置取囑書，結立證佐，妄爭他人田土，違者抵罪。

第四十條，為人生死有命，禍福惟其所召，不可咱信巫覡之徒，托以鬼神妖誕之事，並男女不得假為巫覡，妄言禍福，以惑世誣民。違者許社村長引呈該衙門官區處，若社村長徇情容縱者，一體治罪。

第四十一條，喪家中元節，當循家禮，不得托以吊挽，竟為歌

唱，以革弊俗回淳風，敢有故違者，治以重罪。

第四十二條，軍民家奴等人，如見官員，當加敬畏，如坐則起，行則趨，不得謂非該管非家主，而有傲慢之心，違者依法律治。

第四十三條，天下各鎮官員軍民，不得誑誘人口轉賣他國以取財貨，違者許見知員人捉送治罪。

第四十四條，夫婦人倫之本，婚家當循常禮，不可計較貧富，多索財物，其配匹當別族類，不得貪其富貴，胥相亂倫，並不可無禮苟合，近於禽獸。係本貫別貫，並許欄街禮古錢一貫，酒一坪。其本社村官員並另兵等，不得托以娶夫別貫，索欄街禮錢過多並賞標錢及混同脅分寡居婦女為妻妾，違者論罪。

第四十五條，居鄉黨宗族，有窮困必相賙恤，有疾病相扶持。若死喪當相救助，隨家豐儉不可要索盤饌，亦不得拘以舊俗口債，而脅賣彼家妻子田土，或致竭產，以致貧漂，並水火盜劫，當盡力救護，不可恬然坐視，以虧仁厚之俗，違者抵罪。

第四十六條，凡居民必有鄰，貴相親和睦，不可以彼此疆界耕同田，不可索取標錢，並托以執水放水而穫斂禾穀，以厚民俗，違者抵罪。

第四十七條，居坊社村鄉間，當秉心正直，不可肆其貪橫，如雞、豚、禾穀、柴笋、花果等物，係非己有，不可攘竊，以取罪戾。

以上教戒各條，衙門官當遵奉行。其承憲二司等官時常責令府縣州等官，轉送屬內坊社村長，於節旦，祈福，社田之日，拘集男女大小，再三講解，引誘詳明，使愚夫愚婦，童家幼孩皆耳濡目染，知所勸懲，同婦善俗，以共享太平之福。敢有廢格彿遵一體治罪。

第六篇

東南亞文獻著作考述

在東南亞研究的領域中，華文文獻為數甚多，且至關重要，但沒有得到適當的注意。陳荊和教授在這方面編撰了三種專著：

（一）《新加坡華文碑銘集銘》，與陳育崧合編，收錄華人社團、廟宇、學校等所保存的碑銘一百一十九篇。

（二）《暹羅國路程集錄》，宋福玩、楊文珠輯，是阮朝派往暹羅的使臣返國時呈上的報告書。

（三）《阮述〈往律日記〉》，是越南嗣德朝名宦阮述到中國天津公幹的記錄，是近代中越關係的重要史料。

陳荊和教授的東南亞研究，實亦不局限於菲律賓、越南和新加坡，可舉的還有〈十七世紀之暹羅對外貿易與華僑〉，載《中泰文化論集》（1958）；及為新亞師生作專題演講的〈扶南、真臘的歷史與文化〉，載《新亞生活雙周刊》第 10 卷第 12 期 (1968.1.1)，載黃浩潮主編的《珍重‧傳承‧開創：〈新亞生活〉論學文選》上卷（香港：商務印書館〔香港〕有限公司，2019）。

陳荊和教授以日文發表的論文，不下三十篇，當中頗可注意的，如：〈安南譯語之研究〉1-6，載《史學》第 39 卷第 3、4 號

及第 41 卷第 1-3 號（1966-1967）；〈關於華僑社會的「幫」〉，載中村孝志編《東南亞華僑之社會》（1972）；〈十七、十八世紀東南亞華僑的自主政權〉上、下，載《民族文化》第 10 卷第 1、2 號（1974）；〈回顧東南亞華僑史研究〉，載《第一回國際近代日本華僑學術研究會論文集》（1988）等。

陳教授晚年的論著，多刊載於《創大亞細亞研究》，他生前發表的最後一篇文章，是〈關於黎朝教化條律四十七條〉（1992）。據《大越史記全書》本紀卷十九，黎紀玄宗景治元年（1633）條有「申明教化四十七條」，當中提到「師生以道相待」，第七條云：「為師生當各盡其道，師則先務正己以為士子矜式。門生則尊敬其師，勉敦實學，以德行為本，不可專務於末，……。」雖是歷史文獻，亦猶恩師多年教誨，身為門生弟子，這是我常時銘記於心的。

第一章　《新加坡華文碑銘集錄》

陳荊和、陳育崧合編《新加坡華文碑銘集錄》（香港中文大學，1972），收錄新加坡保存的碑銘，時間由明清以前迄第二次世界大戰，範圍包括廟宇、會館、公塚、宗祠、書院、醫院、墓誌銘附題贊，教育、紀念碑九類。（表六）

表六　新加坡華文碑銘分類表

類別	碑名 (立碑年代)
廟宇	金蘭廟碑 (1839)、重建金蘭廟碑記 (1881)、金蘭廟條規 (1891) 等
會館	重建應和館碑 (1844)、建修應和會館碑 (1875)、重建寧和會館石碑 (1848) 等
公塚	恒山亭碑 (1830)、恒山亭重議規約五條 (1836)、恒山亭重開新塚佈告事碑 (1846) 等
宗祠	保赤宮碑記 (1878)、保赤宮碑 (1883)、重修新嘉坡保赤宮陳聖王祠記 (1926) 等
書院	興建崇文閣碑記 (1878)、續上崇文閣碑記 (1867)、重修崇文閣碑記 (1854) 等
醫院	陳篤生醫院碑文 (1844)、陳篤生醫院緣起 (1845)、陳篤生醫院碑記 (1854) 等
墓誌銘附題贊	皇清特授榮祿大夫鹽運使銜候選道章公墓誌鑷 (1832)、清授資政大夫黃君墓表 (1918)、曾君少卿贊象 (1919) 等
教育	宋佛像紀念碑 (1900)、符愈貴紀念碑 (1906)、重建磐石堂碑 (1930) 等
紀念碑 (雜)	印度總督遊新紀念碑記 (1850)、暹羅王遊新紀念碑 (1871)、紀念陳金聲噴水池刻文 (1882)、維多利亞女王金禧紀念碑 (1887)、創建義防演武亭碑 (1887)、重葺晚清園記 (1940)

　　陳荊和教授在此書〈引言〉中說，新加坡、馬來西亞兩地與中國的關係歷史悠久，華人於此兩地的開發經營貢獻至大，但有關華僑先輩的記載未作完善的整理，以致史料殘缺不全。由於近年東南亞地區日趨重要，研究此地區學術文化的學者，無不注意及華人先輩在區內的活動，香港中文大學中國文化研究所有鑑於此，並徵得新加坡陳育崧同意合作，進行搜集華人碑銘的計畫，編成專集，供國內外學者研究和參考。「國內外學者憑此從事華裔社會之研究，藉使我華人先輩對新加坡歷史之豐功偉蹟得以表揚於世，則功德無量，編者，尤幸莫大焉。」（頁 1）

　　陳育崧在〈緒言〉對碑銘與華人歷史的關係、華人社會的結構與形態，以及碑銘的史料價值，有清晰的論述。他指出：「幾個世紀以來，華人在東南亞各地留下豐富的史蹟，就碑碣一道說，自通都大邑，以至窮鄉僻壤，所在多有。這些文物正遭遇着迫切的危機。隨着各國經濟發展的基本計劃，城市改建，破舊立新，在工作進行中，這些遺蹟往往毫不經意地被毀滅掉。」（頁 3）因此碑銘的搜集是當務之急，刻不容緩的。

第一節　碑銘與華人歷史的關係

　　〈緒言〉指出，恒山亭碑是目前新加坡見存最早的繫年文物之一，可以看到開埠初期華人社會的實況；從碑文分析，以恒山亭為中心的社群，是代表說閩南話 —— 廈語音系的商人集體，他們有一個領導層，領袖人物是用他所擁有的財富來鑑定的。

　　和恒山亭約莫同時的另一個社群集結，叫做甯陽會館，這是代表說廣府音系的方言群，其成員多半屬工人階級。因為職業關係，其經濟力量不如福建幫，也由於缺乏一個強有力的領導層，沒有那麼多方面的活動。

　　說客家話的方言社群，在新加坡人口中佔可觀的成份，他們以種植園藝為行業，在華人社會中構成一個重要的農民階級。第一個客家團體應和會館，很早就建立起來。

　　此外，也有不同省份、不同府屬、不同方言的單位連串起來的結合體。在中國的會館制度下，這種情形是少見的。（頁14）

第二節　　華人社會的結構與形態

　　幫是東南亞華人社會結構的特徵，是由於移民中說不同方言而造成隔閡的格局下所形成的，在新馬地區，幫的表現比東南亞其他地區較為突出。幫是代表說一種方言的社群，正因如此，它一方面強化了地緣關係，另一方面卻衝破了地緣限制。

　　陳育崧總結說，中國傳統社會結構是靠地緣、血緣和業緣三者交織而成的，在海外移民社會中，其作用和機能是更加顯著的。中國的會館制度起於明代，狹義的會館指同鄉所公共的建築，廣義的會館指同鄉組織。這是因應實際需要而產生的，具有積極的社會與經濟功能。地緣組織是和業緣分不開的，在海外也不例外。

　　關於幫和幫權這一方面的研究，《新加坡華文碑銘集錄》所提供的資料尤富價值，其引人入勝者厥為「方言群」的潛力，及其所

造成的地緣和血緣的分合作用。「所謂超幫作用，有時削弱了地緣組織的畛域觀念，有時增強了地緣和業緣的配合，以圖霸佔壟斷利益，這種勢力的消長，造成社會變遷與延續。」（頁18）

總之，碑銘研究對華僑史和華僑社會史，足以提供很多重要資料和新的觀點，當中還可發見不少有趣的課題。

第二章　《暹羅國路程集錄》

宋福玩、楊文珠輯《暹羅國路程集錄》，香港中文大學新亞書院研究所出版，1966年。（118+6頁）列為「東南亞史料專刊之二」。

陳荊和撰〈暹羅國路程集錄解說：其編撰之動機及內容〉指出，本路程集錄乃阮朝嘉隆帝派往暹羅的使臣宋福玩、楊文珠等人，於1810年（嘉隆五年）返國時呈上的一篇報告書。宋福玩一行使暹之目的是憑弔暹羅「前佛王」—— 即拉瑪第一（1781-1809）之喪，及慶賀二世王登位；而據暹方史料，實帶有第二重任務，「且更重要者不外為向暹廷要求交還河仙，至少要求承認越方接管河仙之既成事實」。（頁7）

河仙位於越、棉、暹三國交界，清代史書稱為「港口國」。此地原為高棉所屬，清初為雷州人鄭玖所據，鄭氏在河仙及其周圍招民拓殖，建置社村，於1708年納地於阮主賢王，任河仙總兵。1735年鄭玖去世後，由其子鄭天賜繼襲，仍任阮主的欽差都督，並獲得廣泛的自治權。因其善於經營，河仙的地位日漸提高，範圍亦益擴張；又以提倡文教，華風蔚然，「成為越、棉、暹三國間舉足

輕重的自治邦，在十八世紀中南半島南部混亂的國際局勢當中擔任了緩衝國的角色。」（頁 8）

　　暹羅吞巫里朝興起後，1771 年河仙曾一度被暹王鄭昭攻佔；兩年後，鄭昭於 1773 年將河仙交還鄭氏。其後越南境內西山阮氏之亂起，河仙於 1777 年失守，鄭天賜攜家眷亡命至暹京依靠鄭昭，但不久由於西山政權的謀略及暹廷的猜疑，1780 年鄭天賜及眷屬五十三人在暹京遇害。河仙在西山動亂期間，時屬西山，時歸阮福映（即後來的嘉隆帝），時隸暹羅；及至 1782 年，曼谷王朝拉瑪第一弒鄭昭，開創新朝，他曾收養鄭天賜幾個遺子。1787 年，暹廷送鄭天賜第四子鄭子泩回守河仙鎮，與在嘉定的阮福映相應，形成犄角之勢以抵抗西山勢力。

　　鄭子泩死後，暹廷改派其姪鄭公柄回居河仙，仍為暹羅附庸。鄭公柄死後，暹廷於 1799 年復遣鄭天賜幼子鄭子添回守望河仙。翌年，阮福映任鄭子添為河仙鎮守。這時的河仙已成為暹越雙方共管之地，鄭子添受到雙方的節制。1802 年嘉隆帝一統越南三圻後，鄭子添仍任越暹雙方的河仙太守（鎮守），直至 1809 年鄭子添去世後，阮廷始對河仙採取斷然的行動。（頁 9）

第一節　阮廷加強對河仙的控制

　　此時嘉隆帝統一越南已近十年，國礎漸固，軍力充實，且屢次干預高棉內政，對暹羅已無所顧慮，同時又接獲暹羅正與緬甸交惡的消息，阮廷認為解決河仙問題的良機到來。暹廷所派的河仙鎮

守鄭子添既卒，阮廷便藉細故黜除鄭天賜之孫鄭公榆，於 1810 年遣吳依儼及黎進講（又作黎進福）接收鎮政，欲從此確保河仙的主權。即是說，在宋福玩等人奉派使暹之前，河仙的歸屬問題已成為越、暹間外交爭執的對象。阮廷乘暹羅內外多事之秋，達成收回河仙的目的，堪稱嘉隆朝的外交成就之一。陳荊和教授此文綜合其考訂結果，指出：

> 吾人不難瞭解阮廷著宋福玩等人呈進暹羅地圖及暹羅路程集錄之動機與當時的國際環境。其間主要的動機可能有二。首先，為確保河仙鎮並策進向高棉勢力發展起見，阮廷需要瞭解南圻、高棉、暹羅間水陸交通之具體路程與各地駐防之情況以資西南邊境之防務。再者，暹羅曾向阮廷請求出兵相助以邀擊緬甸之侵寇。（頁 12）

繼而認為：「阮廷確實準備出兵暹羅，所以宋福玩、楊文珠之上進暹羅地圖以及水陸路程集錄應該視為越南軍隊出師暹羅籌備工作之一。」（頁 15-16）

第二節　《暹羅國路程集錄》的內容

這份奏本以端正的楷體字繕寫，全文分為六個路程。

（一）陸行上路：自高棉南榮營起程，至馬來半島西岸的陸上路程。

（二）陸行下路：自暹羅東南沿海的楊坎矶起程，至暹羅灣東南岸的陸上路程。

（三）涯海水程：自南圻後江江口，至暹羅灣沿海航路。

（四）洋海水程：自南圻哥毛角南方海上起程，至馬來半島西岸普吉島的航路。

（五）洋海縱橫諸山水程：列舉暹羅灣東南部幾個沿海島嶼間的航程。

（六）海門水程：記述南圻、暹羅及馬來中北部各主要海門從河口至上游間本流及各支流等的水程。

上述六個路程所包含的地域，計為南圻後江以西的部分、高棉西北部、暹羅全境、暹屬馬來半島、暹羅灣沿海島嶼以及馬來半島西岸一部分島嶼。記述的方法，陸上部分的每一段行程都先舉起點，繼述行程及沿路景觀，並以日數計行程，最後舉出終點；水路部分也是先舉起點，接以針路（方向）及沿途情況，以更數（或里數，或日數）計航程，最後舉出終點。（頁19）

集錄所見的地名，都是越南海客慣用的名稱，與中國航海家或暹羅華僑慣用的名稱頗有出入，不失為十九世紀初年印度支那半島南部交通史的寶貴史料。書末有〈暹羅國路程集錄地名檢音及註釋〉，由新亞研究所東南亞研究室助理研究員木村宗吉考定較重要的地名，而同陳荊和標註地名的越讀及越俗音，並就若干名詞和史事略予註釋。書末附英文提要。

第三章　阮述《往津日記》

陳荊和編註《阮述〈往津日記〉》，中文大學出版社，1980 年初版，列為「香港中文大學中國文化研究所史料叢刊（一）」。（iii+93 頁）書首有陳荊和撰中、英文〈代序〉及〈解說〉，書末有饒宗頤〈阮荷亭《往津日記》鈔本跋〉。

陳荊和教授在〈代序〉中，首先交代本書出版的緣起，是法儒戴密微（P. Demiéville）教授函囑饒宗頤教授，以其四十年前在河內時所獲之未刊本 —— 阮述《往津日記》抄本一冊，轉交陳氏迻譯，酌加若干註釋出版。先是饒教授已撰跋文一篇，並於 1977 年在泰國曼谷召開的第七屆亞洲史學家會議上宣讀介紹此書內容的論文。

阮述（1842-1911），號荷亭，生於廣南世家，能文辭，是越南嗣德朝（1848-1883）晚期的名宦，曾經兩次到中國。第一次是在 1880 年（嗣德三十三年；清朝光緒六年）充貢使；1882 年返國後，再度奉命與刑部尚書范慎遹赴天津公幹，逗留約八個月，翌年年底始返回越京順化。陳荊和教授指出：

> 《往津日記》乃以日記體裁記述其第二次赴華之旅程，香港、廣州、上海、天津諸市之概況及阮氏與中外名士之往來。其所誌率多涉及當時中越關係以及中法間有關越南外交交涉；尤可貴者，是阮氏在華期間，每次將本國政府遞來之公文轉達清方有關公署，或將其奏摺或清方覆文遞回本國政府，均有注明日期，…… 實不失為有關近代中越關係之寶貴史料。（頁 1）

　　陳荊和撰〈解說〉，論及阮朝的閉關禁教政策與法國之干預，以及阮述使華之經緯，俾讀者對當時中、越、法三國之間的複雜關係有所了解。

　　阮朝（1802-1945）是越南最後一個王朝，阮福映創建，定都順化，在十九世紀中葉面對法國逐步加強的殖民入侵。1862 年與法國簽訂《西貢條約》，1874 年簽訂《第二西貢條約》。1882 年，法越關係惡化，兩軍發生衝突，越軍力拒不敵，阮廷向清廷請援，清軍協助黑旗軍，於次年擊敗法軍。法國政府決意對越南宣戰，派兵向越京順化推進。嗣德帝病逝，嗣君膺禛（育德）繼位三日即被廢黜，王位由前帝末弟洪佚繼承，是為協和帝。法軍進迫順化，阮廷被迫作城下之盟，於 1883 年與法方簽訂《亞爾曼條約》，接受法國保護。協和帝的態度比較傾向法國，為兩輔政大臣尊室說、阮文祥所不滿，協和帝欲罷免兩輔政，事漏被弒。由嗣德帝第三養子膺祜代立，年方十五，是為建福帝，在位不過八個月，於 1884 年病逝。兩輔政又迎立王弟膺祜繼統，是為咸宜帝。自嗣德帝去世僅一年，阮廷便換了三個國王。（頁 1-4）1884 年，越南與法國簽訂《第二次順化條約》，便完全淪為法國的殖民地。阮朝僅保留對中圻（越南中部）的統治權，咸宜帝、成泰帝、維新帝均先後被廢黜流放。

第一節　阮述使華經過香港

　　阮述使華之前的事蹟，僅知他早有文名，1868 年應試合格，

1880年任吏部右侍郎充辦閣務，同年年中奉命充歲貢使，經廣西赴燕京。阮述所率領之越南使團，是阮朝向清朝的最後一次朝貢。他返國後不到八個月，又奉命出使清朝。《大南寔錄正編》嗣德三十五年（1882）十二月條載：「命刑部尚書范慎遹充欽差大臣，侍郎加參知銜阮述副之，往清國天津公幹；辦理戶部阮顗充欽派，住廣東以遞信報。」

范慎遹、阮述二人奉派前往天津，是出於北洋大臣李鴻章[1]之意，在李鴻章與法國駐清全權公使寶海（Frederic Albert Bourée）即將舉行談判時，以備諮問。阮述一行，於嗣德三十六年（光緒八年）十二月二十二日「夜過澳門，昏黑不能望見」；翌日（1883.1.31）午抵香港，住上環信和源棧。《往津日記》有以下詳細的記載：

> 廿四日，與〔黎〕碧峰、〔阮〕夢仙步至山側，略覽香港形勝。香港原廣東一海島耳，東互一仙，西達虎門，南通澳門，北接九龍；一港居中，群山環抱。

1　李鴻章（1823-1901），字少荃。安徽合肥人。道光進士。清朝同治年間授湖廣總督，調任直隸總督兼北洋通商事務大臣，掌握清廷外交、軍事、經濟大權，成為洋務派首領。光緒年間，與外國簽訂了一系列不平等條約。中法越南戰爭時，他主張乘勝求和，1885年與法國簽訂《中法停戰條件》，繼而與法國代表、駐華公使巴德諾（Jules Patenôtre）在天津談判，於天津簽訂《中法新約》，主要內容包括：（一）清政府承認法國與越南訂立的條約；（二）在中越邊界指定兩處通商處所，一在保勝以上，一在諒山以北，允許法國商人在此居住，並設領事；（三）中國雲南、廣西同越南邊界的進出口貨物應納各稅；等等。從此法國勢力伸入雲南和廣西。

日記中對香港的街道建築、輪船器物、報社醫館等等，均有描
述；又指出「征稅頗重，物價甚昂，居人多以奢靡相尚，鮮風雅之
流；⋯⋯ 不知將來習尚更何如也」。（頁 22-23）

阮述在港期間，曾往訪著名文人王韜（紫詮）。[2] 日記謂「其於
言語文字、人情風物，多習而知之，又能揣摩中外大局，發為議
論，以寄懷抱」。隨後在香港過農曆新年，王韜等亦來賀節。年初
五，坐河南輪船赴省城廣州。接信命與范慎逼同往天津，候李鴻章
備問，並商議決國事。二十二日晚乘船回港，翌日早上抵達香港，
聞王韜病，往探。二十四日晚，乘坐原船離港，二十九日抵上海；
二月初四日改搭海定輪離滬，初九日午至天津，逗留八個半月，至
十月二十四日乘保大輪離津。十一月十五日抵香港，住泰來棧。

阮述在港期間，曾有「仕清副將麥士尼為能〔William Mesny〕
就訪。麥原英國人，來居中國三十四年，前在貴州投效，屢立戰
功，中朝擢授副將銜，衣服、頂戴均從清制。現承雲貴總督岑〔毓
英〕飭往福建船政衙門聽候差遣，經過香港，同寓泰來棧，故來相
見。談間言中朝籌辦我國之事，遲廻不決，其力不足以制法人，我
國當自為謀，不可過於觀望以誤大事」。（頁 61）

---

2 王韜（1828-1897），安紫詮，號仲弢。江蘇長洲（今蘇州）人。在上海任職於英人所辦
　　的墨海書館，因上書太平軍，被清政府下令緝拿，逃到香港，協助英國傳教士翻譯中國
　　經籍，曾到英、法等國。在香港主編《循環日報》，評論時政，主張變法自強，興辦學
　　校、工礦和交通事業。1884 年得李鴻章默許，返回上海主持格致書院。著有《普法戰
　　紀》、《弢園文錄外編》等。

第二節　中法越南問題交涉情況

十二月初八日，阮述乘搭地利金火船離港；二十五日（1884.1.22）抵順化；廿七日，復命。阮述等人逗留天津期間，越南的局面更趨惡化；法國的對越政策日益強硬，中法之間就越南問題的交涉陷入僵局。及至獲悉嗣德帝去世、法軍攻克順安汛砲台、阮廷不得不與法國講和等消息，不勝憤恨。阮述於《往津日記》嗣德三十六年七月二十九日（1883.8.31）條中這樣說：

> 我國與法之事，原由中朝來文，願為調停，又召余等至津詢問，乃講說既不能成，又畏縮趑趄，不肯以兵船相援，以致法人乘我有事，迫我以和。我國當此變故交集，其勢不得不從，而中朝不能保護藩封，不知何辭以自解於天下也？世局至此，尚何言哉！（頁49）

阮述回國後，升署兵部右參知。其後官職升至太子少保、協辦大學士，封安長子，領吏部尚書，充機密院大臣。1904年退休。他訪華期間，與清朝政要及多國文人學士多所往還，《往津日記》中記述甚豐，不失為近代東亞文化交流的珍貴材料。書末載饒宗頤〈阮荷亭《往津日記》鈔本跋〉，於中越文學交流、越人書法等亦以為言。

《往津日記》抄本書首，有葦野老人〈阮荷亭先生《往津日記》序〉。葦野老人即綏理王綿寊（1820-1897），是明命帝第十一皇

子，該序撰於 1887 年。《往津日記》後面附有〈筆談隨錄〉和〈摘錄聯句〉，前者是阮述與清朝官員筆談及摘錄書中關於中國、韓國的知識，後者是阮述與各方人士互贈墨寶時的備忘錄，可以視為日記的補充。陳荊和教授為《往津日記》所作的八十四個註釋，有助於加深對日記內容的理解。

陳荊和教授生平事略

· 1917 年 9 月 28 日，生於臺北臺中市，原籍福建漳州漳浦縣。

· 1931 年 3 月，畢業於日本東京都千代田區麴町小學校。

· 1936 年 3 月，畢業於東京都港區麻布中學校。

· 1942 年 9 月，畢業於慶應大學文學部史學科東洋史專攻。

· 1942 年 10 月至 1943 年 3 月，任慶應大學語學研究所助手。

· 1943 年 3 月至 1945 年 9 月，作為日本、法印交換學生，在越南河內法國遠東學院從事東南亞史研究及學習越南語。

· 1946 年 12 月至 1958 年 7 月，在臺灣大學文學部史學科任講師、副教授、教授，擔當「東南亞史」及「日本史」（概說）。

· 1954 年 9 月至 1955 年 10 月，獲紐約、中國基金會獎學金，在法國巴黎大學高級中國研究所從事遠東各國近代史研究。

· 1958 年 8 月至 1965 年 5 月，以客席教授身份，在越南國立順化大學、國立西貢大學及大叻大學任教「東南亞史」、「中國史」（概說）及「日本史」。

· 1959 年 8 月至 1965 年 9 月，作為國立順化大學越南史料編譯委員會委員長，主要擔當《阮朝寔錄》（1802-1945）的整理及製成目錄。

· 1962 年 6 月至 1964 年 5 月，任香港新亞書院新亞研究所東

南亞研究室研究員及主任，主編「東南亞研究專刊」及「東南亞史料專刊」。

　·1964 年 6 月至 1975 年 7 月，任香港中文大學高級講師（任教東南亞史及日本史）。

　·1966 年，獲慶應大學頒授文學博士學位。

　·1967 年 11 月，任香港中文大學中國文化研究所中南關係組主任。

　·1969 年 7 月至 1970 年 6 月，以客席教授身份，到慶應大學講學。

　·1970 年 12 月，任香港中文大學社會人文學科研究所東亞研究中心主任。

　·1971 年 9 月至 1973 年 6 月，以客席教授身份，到美國南伊利諾大學講學。

　·1974 年 11 月 14 日至 28 日，以訪問教授身份，到日本創價大學講學。

　·1975 年 8 月至 1981 年 7 月，任香港中文大學教授，任教東南亞史及日本史。

　·1976 年 6 月，以訪問教授身份，到韓國漢城高麗大學講學。

　·1977 年 5 月 9 日至 24 日，以訪問教授身份，到創價大學講學。

　·1977 年 8 月，擔任香港中文大學日本研究講座主任教授。

　·1977 年 10 月至 1978 年 9 月，擔任香港中文大學中國文化研究所副所長。

・1978 年 10 月至 1981 年 7 月，擔任香港中文大學中國文化研究所所長。

・1978 年 5 月 14 日至 28 日，1979 年 5 月 16 日至 6 月 4 日，1980 年 12 月 6 日至 1981 年 1 月 6 日，以法國外交部招聘訪問教授身份，到巴黎大學高級中國研究所及法國遠東學院等機構演講，且致力於促進香港中文大學與法國中國研究各機構之間的學術交流。

・1979 年 12 月 18 日至 21 日，在香港中文大學中國文化研究所舉辦「中日文化交流國際研討會」。

・1980 年 4 月至 6 月，任香港中文大學法、德、日、意研究學部代理部長；並擔任香港中文大學與法國各學術機構合作計劃署理統籌主作。

・1981 年 9 月 1 日，任創價大學教育學部教授。

・1982 年 4 月 1 日，任創價大學亞洲研究所研究員。

・1983 年 4 月 1 日至 1984 年 3 月 31 日，任一橋大學社會學部非常勤講師。

・1984 年 4 月 1 日，任創價大學語言文化研究中心教授。

・1986 年 4 月 1 日，擔任創價大學亞洲研究所所長。

・1986 年 5 月 5 日至 6 月 19 日，以客席教授身份，到中國北京大學講學。

・1993 年 3 月，從創價大學退職。

・1993 年 4 月，就任美國創價大學環太平洋和平文化研究中心顧問。

・1995 年 11 月 19 日，在越南胡志明市逝世，享年七十八歲。

陳荊和教授著作目錄

　　陳荊和教授一生勤於著述，分別以中文、越南文、日文、英文等發表。《中文大學校刊》1976 年冬季號刊有陳荊和教授的專訪，介紹了他的主要著作和研究計劃；《創大亞細亞研究》第 15 號（1994.3）為「陳荊和前所長退職記念號」，當中有〈陳荊和前所長經歷・研究業績一覽〉，收錄頗為詳備。筆者以上述兩種文獻為根據，略加整理和補充，編成這個目錄，以供學界參考。由於陳教授的著作先後在不同國家和地區刊行，搜求不易，遺漏在所難免，希望今後能繼續補充。

■ 專書、單行本

1. 《華僑初級中學歷史教科書（東南亞史）》〔菲律賓版〕，臺北：正中書局，1955。（135 頁）
2. 《華僑初級中學歷史教科書（東南亞史）》〔印尼版〕，臺北：正中書局，1956。（166 頁）
3. 《華僑初級中學歷史教科書（東南亞史）》〔越南版〕，臺北：正中書局，1956。（192 頁）
4. 《十七世紀廣南之新史料：〈海外紀事〉》，臺北：中華叢書委

員會，1960。（96頁）

5. 《十六世紀之菲律賓華僑》〔東南亞研究所專刊之二〕，香港：
   新亞研究所，1963。（27+161頁）

6. *The Chinese Community in the Sixteenth Century Philippines* (East
   Asian Cultural Studies Series No.12), Tokyo: Center for East Asian
   Cultural Studies, Toyo Bunko, 1968. (176 pages)

7. *Historical Notes on Hoi-an (Faifo)* (East Asian Cultural Studies Series
   No.12), Center for Vietnamese Studies, South Illinois University at
   Carbondale, 1974. (164 pages)

8. *On the Various Editions of Dai-Viet Su-Ky Toau-Thu* (Occasional Papers
   No.1), Hong Kong: Center for East Asian Studies, The Chinese
   University of Hong Kong, 1976.

9. 《阮述〈往津日記〉》〔香港中文大學中國文化研究所史料叢刊
   之一〕，香港：中文大學出版社，1980。（93頁）

■ 編著、編校

1. 《阮朝硃本目錄》第一集（嘉隆朝），順化：順化大學，1960。
   （200頁）

2. 《黎崱〈安南志略〉校定本》，順化：順化大學，1961。（298頁）

3. 《阮朝硃本目錄》第二集（明命朝），順化：順化大學，1962。
   （252頁）

4. 《鄭懷德〈艮齋詩集〉》〔東南亞研究專刊之一〕，香港：新亞

研究所，1962。（134 頁）

5. 《承天明鄉社陳氏正譜》〔東南亞史料專刊之四〕，香港：新亞
　　研究所，1964。（133+21 頁）

6. 潘叔直（養浩）輯《國史遺編》〔東南亞史料專刊之一〕，香港：
　　新亞研究所，1965。（398 頁）

7. 《宋福玩、楊文珠〈暹羅國路程集錄〉》〔東南亞史料專刊之
　　二〕，香港：新亞研究所，1966。（118+6 頁）

8. 《嗣德聖製字學解義歌譯註》，香港：香港中文大學，1971。
　　（404 頁）

9. 《新加坡華文碑銘集錄》（與陳育崧合編），香港：香港中文大
　　學，1972。

10. 《校合本・大越史記全書》上、中、下冊，東京：東京大學
　　東洋文化研究所東洋學文獻センター，1984。（541 頁+327 頁
　　+383 頁）

11. 《フエ・ベトナム榮華の都》（共著），ユネスコ・アジア文化
　　センター，1987。

12. 《校合本・大越史略》〔創價大學アジア研究所叢刊第 1 輯〕，
　　1987。（101 頁）

■ 中文論文

1. 〈順化城研究旅行雜記〉，《臺灣文化》第 3 卷第 5 期（臺北，
　　1948），頁 13-17。

2. 〈「字喃」之形態及產生年代〉，《人文科學論叢》第 1 輯（臺北，1949），頁 303-330。

3. 〈越南東京（Tonkin）地方的特稱 'Ke'〉，《文史哲學報》第 1 期（臺北，1950），頁 201-235。

4. 〈交趾名稱考〉，《文史哲學報》第 4 期（臺北：臺灣大學，1952），頁 79-130。

5. 〈菲律賓華僑大事誌〉，《大陸雜誌》第 6 卷第 5 期（臺北，1953），頁 1-6。

6. 〈林鳳襲擊馬尼拉事件及其前後（1565-76）〉，《學術季刊》第 2 卷第 1 期（臺北，1953）。

7. 〈安南譯語考釋〉上、下，《文史哲學報》第 5 期（臺北，1954），頁 1-92；第 6 期，頁 161-227。

8. 〈八聯市場之設立與初期中菲貿易〉上、下，《大陸雜誌》第 7 卷第 7-8 期（臺北：1954）。

9. 〈古地圖上之臺灣〉1-12，1954 年 2 月 22 日至 8 月 2 日《公論報》（臺北）連載。

10. 〈河僊鎮葉鎮鄭氏家譜註釋〉，《文史哲學報》第 7 期（臺北，1956），頁 78-139。

11. 〈十六世紀末年之菲律賓與潘和五事件〉，《學術季刊》第 4 卷第 3 期（臺北，1956）。

12. 〈林邑建國之始祖人物：區隣、區連〉，《學術季刊》第 5 卷第 2 期（臺北，1956）。

13. 〈五代宋初之越南〉，載《中越文化論集》2（臺北，1956），

頁 221-248。

14. 〈鄭懷德撰《嘉定通志》城池志註釋〉，《南洋學報》第 12 卷第 2 輯（新加坡，1957），頁 1-3。

15. 〈十七、十八世紀之會安唐人街及其商業〉，《新亞學報》第 3 卷第 1 期（香港，1957），頁 271-332。

16. 〈十七世紀之暹羅對外貿易與華僑〉，載《中泰文化論集》（臺北，1958），頁 147-188。

17. 〈清初華舶之長崎貿易及日南航運〉，《南洋學報》第 13 卷第 1 輯（新加坡，1958），頁 1-57。

18. 〈承天明鄉社與清河庯〉，《新亞學報》第 4 卷第 1 期（香港，1959），頁 305-328。

19. 〈西屬時代的菲島華僑零售商〉，載《中菲文化論集》2（臺北，1960），頁 173-180。

20. 〈華僑歷史上的人口及居留地〉，載《中菲文化論集》2（臺北，1960），頁 292-312。

21. 〈清初鄭成功殘部之移植南圻〉上、下，《新亞學報》第 5 卷第 1 期（香港，1960），頁 433-459；第 8 卷第 2 期（香港，1968），頁 418-485。

22. 〈越南陳朝事略〉，載《臺灣陳大宗祠德星堂重建 50 周年慶祝記念特刊》（臺北，1961），頁 103-108。

23. 〈朱舜水《安南供役記事》箋註〉，《香港中文大學中國文化研究所學報》第 1 卷（香港，1968），頁 208-247。

24. 〈十七、八世紀越南之南北對立〉，《南洋大學學報》第 2 期（新

加坡，1968），頁 160-164；《高麗大學亞細亞研究》第 57 號（漢城，1976），頁 213-221。

25. 〈河仙鄭氏世系考〉，《華岡學報》第 5 期（臺北，1969），頁 179-218。

26. 〈元世祖忽必烈的日本出師〉，《華學月刊》第 11 期（陽明山，1972），頁 11-15。

27. 〈越南文明開化之步驟：阮長祚與陳仲金〉，載《南洋與中國：南洋學會四十五周年記念論文集》（新加坡，1987），頁 99-116。

■ 中文演講詞

1. 〈字喃之形態與產生之年代〉，《新亞生活雙周刊》第 5 卷第 14 期（香港，1963.1.18），頁 1-3、14。

2. 〈河仙鄭氏事蹟考〉（上、下），《新亞生活雙周刊》第 7 卷第 18 期（香港，1965.4.9），頁 1-3；第 7 卷第 19 期（香港，1965.4.23），頁 1-3。

3. 〈關於暹羅王鄭昭之幾個問題〉（上、下），《新亞生活雙周刊》第 8 卷第 7 期（香港，1965.10.22），頁 5-6；第 8 卷第 8 期（香港，1965.11.5），頁 4-6。

4. 〈歐美遊行觀感〉，《新亞生活雙周刊》第 8 卷第 10 期（香港，1965.12.3），頁 1-3。

5. 〈關於「明鄉」的幾個問題〉，《新亞生活雙周刊》第 8 卷第 12 期（香港，1965.12.31），頁 1-4。

6. 〈泰國近代化的演進〉，《新亞生活雙周刊》第 8 卷第 17 期（香港，1966.4.1），頁 1-3。

7. 〈明治維新的新認識〉，《新亞生活雙周刊》第 9 卷第 9 期（香港，1966.11.11），頁 1-4。

8. 〈日本原始文化初探〉，《新亞生活雙周刊》第 10 卷第 3 期（香港，1967.6.9），頁 3-6。

9. 〈扶南、真臘的歷史與文化〉，《新亞生活雙周刊》第 10 卷第 12 期（香港，1968.1.12），頁 1-6；載黃浩潮主編《珍重·傳承·開創：〈新亞生活〉論學文選》下卷（香港：商務印書館〔香港〕有限公司，2019），頁 282-302。

10. 〈十七、八世紀之南越華僑〉，《新亞生活雙周刊》第 10 卷第 20 期（香港，1968.5.10），頁 1-4。

■ 英文論文

1. "The Imperial Archives of the Nguyen Dynasty", *Journal of Southeast Asia History* Vol I.III, No. 2 (Singapore, 1962).

2. "On the Rules and Regulations of the 'Duong-thuong Hoi-quan' of Faifo (Hoi-an), Central Vietnam", Paper presented to the International Conference on Asian History, 5-10 August 1968 at University of Malaya, Kuala Lumpur, *Southeast Asian Archives* Vol. II (Kuala Lumpur, 1969).

3. "Mac Thien Tu and Phraya Taksin, A Survey on Their Political

Stand, Conflicts and Background”, Paper presented to the Seventh Conference of IAHA held at Bangkok, 1977, *Proceedings, Seventh IAHA Conference*, Vol. II (Bangkok, 1979), pp. 1535-1575.

■ 日文論文

1. 〈咬嚼吧總論〉,《史學》第 22 卷第 1 號（東京，1943），頁 73-94。

2. 〈哀牢夷九隆傳說の探討〉,《民族學研究》第 17 卷第 3-4 號（東京，1953），頁 203-222。

3. 〈十七、十八世紀ベトナムにおける南北對立の歷史とその分析〉（大澤一雄譯）,《史學》第 38 卷第 4 號（東京，1966），頁 515-528。

4. 〈安南譯語の研究〉1-6,《史學》第 39 卷第 3-4 號、第 41 卷第 1-3 號（東京，1966-1967）。按：此文有抽印本合訂本（1969），281+5 頁。

5. 〈河仙鄭氏の文學活動、特に河仙十詠に就いて〉,《史學》第 40 卷第 2-3 號（東京，1967），頁 311-378。

6. 〈安陽王と日南傳について〉〔譯註〕,《史學》第 42 卷第 3 號（東京，1970），頁 297-304。

7. 〈ベトナム和平の願い〉,《朝日ソノラマ》第 123 號（東京，1970），頁 7-10。

8. 〈安陽王の出自について〉,《史學》第 42 卷第 4 號（東京，

1970），頁 367-378。

9. 〈70 年代の世相と塾〉，《三田評論》第 693 號（東京，
1970），頁 29-36。

10. 〈會安明香社に關する諸問題について〉，《アジア經濟》第 11
卷第 5 號（東京，1970），頁 79-92。

11. 〈十七世紀に於ける河內の樣相と性格について〉，《史學》第
43 卷第 3 號（東京，1970），頁 395-410。

12. 〈香港通信〉上、下，《自由世界》第 7 卷 9-10 號（東京，
1970）。

13. 〈華僑社會の「幫」について〉，載中村孝志編《東南アジア華
僑の社會》（天理，1972）。

14. 〈十七、十八世紀の東南アジアにおける華僑の自主政權〉上、
下，《民族文化》第 10 卷第 1-2 號（東京，1974）。

15. 〈大越史記全書の撰修と傳本〉，《東南アジア：歷史と文化》
第 7 號（東京，1977），頁 3-36。

16. 〈陳仲金著《風塵のさなかに：見聞錄》1-4，《創大アジア研究》
第 1 號（東京，1980），頁 147-182；第 2 號（1981），頁 175-
217；第 3 號（1982），頁 133-167；第 4 號（1983），頁 185-
224。

17. 〈目的別に見た日本語教育〉，載第 5 回筑波國際シンポジウム
《日本人と國際化》（1980）。

18. 〈《大越史略》：その內容と編者〉，載《山本達郎博士古稀記
念論文集：東南アジア・インドの社會と文化》下（東京，

1980），頁 143-155。

19. 〈香港の日本語教育とその周邊〉，《國際交流》第 20 號（東京，1980），頁 20-29；載金山宣夫編《現代のエスプリ：中國と日本人》第 162 號（東京，1981），頁 197-209。

20. 〈新界租約の滿期と香港の將來〉，《創大アジア研究》第 3 號（東京，1982），頁 215-244。

21. 〈中國の統一：分析と展望〉1、2，《自由世界》1982 年 5 月號（東京），頁 12-18；6 月號，頁 31-45。

22. 〈《大南寔錄》と阮朝硃本について〉，載《稻・舟・祭：松本信廣先生追悼論文集》（東京，1982），頁 567-604。

23. 〈越南史料との出會い〉，《東京大學東洋文化研究所東洋文獻センタ ── 通信》27 號（東京，1986），頁 1-4。

24. 〈校合本・大越史記全書の刊行とその體裁〉，《創大アジア研究》第 8 號（東京，1987），頁 225-266。

25. 〈「鼎耳」小考〉，《創大アジア研究》第 9 號（東京，1988），頁 241-247。

26. 〈東南アジア華僑史研究を回顧して〉，載《第一回國際近代日本華僑學術研究會論文集》（東京，1988），頁 3-13。

27. 〈西沙群島と南沙群島：歷史的回顧〉，《創大アジア研究》第 10 號（東京，1989），頁 49-72。

28. 〈阮朝初期の「下洲公務」に就いて〉，《創大アジア研究》第 11 號（東京，1989），頁 63-83。

29. 〈嗣德時代ベトナムの近代化志向と香港〉，《創大アジア研究》

第 12 號（東京，1991），頁 45-74。

30. 〈黎朝の教化條律 47 條に就いて〉,《創大アジア研究》第 13
號（東京，1992），頁 91-99。

東南亞史及華僑研究參考書目

■ 辭典、工具書

1. 姚楠、周南京、梁英明、楊保筠等編撰《東南亞歷史詞典》，上海：上海辭書出版社，1995。

2. 張興漢、陳新東、黃卓才、徐位發主編《華僑華人大觀》，廣州：暨南大學出版社，1990。

3. 潘翎主編，崔貴強編譯《海外華人百科全書》，香港：三聯書店 (香港) 有限公司，1998。

4. 秦欽峙、龍永泰、湯家麟、徐冶編著《東南亞十國概覽》，昆明：雲南人民出版社，1992。

5. 季國興主編《東南亞概覽：當今世界經濟高度發展的熱點地區》，北京：中國社會科學出版社，1994。

6. 《東南亞研究論文索引（1990-1995 年）》，廈門：廈門大學出版社，1999。

■ 文獻、史料集

1. 中山大學東南亞歷史研究所編《中國古籍中有關菲律賓資料匯編》，北京：中華書局，1980。

2. 景振國主編《中國古籍中有關老撾資料匯編》，開封：河南人民出版社，1985。

3. 陳顯泗、許肇琳、趙和曼、詹方瑤、張萬生編《中國古籍中的柬埔寨史料》，開封：河南人民出版社，1985。

4. 陸峻嶺、周紹泉編注《中國古籍中有關柬埔寨資料匯編》，北京：中華書局，1986。

5. 趙令揚編《明實錄中之東南亞史料》第 1-2 卷，香港：學津出版社，1968、1976。

6. 趙令揚編《明實錄中之天文資料》，香港：香港大學中文系，1986。

7. 趙令揚編《海外華人史資料選編》，香港：香港大學中文系，1994。

■ 通史、斷代史

1. 許雲樵著《南洋史》上卷，新加坡：世界書局，1961。

2. 崔貴強編著《東南亞史》，星加坡：星洲聯營出版有限公司，1965。

3. 吳振強編著《東南亞史綱》，星加坡：青年書局，1966。

4. 宋哲美編著《東南亞建國史》，香港：東南亞研究所，1976。

5. 陳水逢編著《東南亞各國略史與現勢》，臺北：臺灣商務印書館，1969。

6. 潘恩（B. R. Pearw）著，張奕善譯《東南亞史導論》，臺北：臺灣學生書局，1975。

7. 吳俊才著《東南亞史》，臺北：正中書局，1956 年初版，1977年增訂本。

8. Brian Harrison 著，星洲聯營出版有限公司譯《東南亞簡史》，星加坡：星洲聯營出版有限公司，1959。

9. John F. Cady 著，姚楠、馬寧譯《東南亞歷史發展》上下冊，上海：上海譯文出版社，1988 年。

10. D. G. E. Hall 著，黎東方譯《東南亞通史》，臺北：中華文化出版事業委員會，1961。（據原著初版譯出）

11. D. G. E. Hall 著，中山大學東南亞歷史研究所譯《東南亞史》上、下冊，北京：商務印書館，1982。（據原著第三版譯出）

12. 〔澳〕米爾頓‧奧斯本 (Milton Osborne) 著，郭繼光譯《東南亞史》，北京：商務印書館，2012。

13. 劉迪輝、李惠良、高錦蓉、周光敬著《東南亞簡史》，南寧：廣西人民出版社，1989。

14. 王民同主編《東南亞史綱》，昆明：雲南大學出版社，1994。

15. 陳鵬著《東南亞各國民族與文化》，北京：民族出版社，1991。

16. 雲南大學中文系編《東南亞文化論》，昆明：雲南大學出版社，1994。

17. 賀聖達著《東南亞文化發展史》，昆明：雲南大學出版社，1996。

18. 梁英明、梁志明、周南京、趙敬著《近現代東南亞（1511-1992）》，北京：北京大學出版社，1994。

19. 賀聖達、王文良、何平著《戰後東南亞歷史發展（1945-1994）》昆明：雲南大學出版社，1995。

■ 文化史

1. 吳虛領著《東南亞美術》，北京：中國人民大學出版社，2004。

2. 陳炯彰著《印度與東南亞文化史》，臺北：大安出版社，2005。

3. 程愛勤著《古代中印交往與東南亞文化》，鄭州：大象出版社，2009。

4. 邱新民著《東南亞文化交通史》，1985。

5. 彭偉步著《東南亞華文報紙研究》，北京：社會科學文獻出版社，2005。

6. 吳慶棠著《新加坡華文報業與中國》，上海：上海社會科學院出版社，1997。

■ 論文集

1. 鄒啟宇編《南洋問珠錄》，昆明：雲南人民出版社，1986。

2. 《東南亞歷史論叢》第 1-2 集，廣州：中山大學東南亞歷史研究

所，1979。

3. 《東南亞史論文集》第 1 集，廣州：暨南大學歷史系東南亞研究室，1980。

4. 中國東南亞研究會編《東南亞史論文集》，鄭州：河南人民出版社，1987。

5. 季羨林主編、北京大學南亞東南亞研究所編《南亞東南亞論叢》，北京：中國社會科學出版社，1989。

6. 中山大學東南亞研究所編《東南亞研究文叢》，西安：西北大學出版社，1994。

■ 研究述評

1. 陳喬之、黃滋生、陳森海主編《中國的東南亞研究：現狀與展望》，廣州：暨南大學出版社，1992。

2. 劉永焯著《中國東南亞研究的回顧與前瞻》，廣州：廣東人民出版社，1994。

3. 周佳榮著《亞太史研究導論》，香港：利文出版社，1999。

4. 李晨陽、祝湘輝主編《〈劍橋東南亞史〉評述與中國東南亞史研究》，廣州：廣東世界圖書出版公司，2010。

■ 國別史

1. 金應熙主編，劉迪輝、何安舉、金雨雁編著《菲律賓史》，開封：河南大學出版社，1990。

2. 金應熙主編，劉迪輝、金雨雁編著《菲律賓民族獨立運動史》，開封：河南人民出版社，1989。

3. 〔泰國〕披耶阿努曼拉查東著，馬寧譯《泰國傳統文化與民俗》，廣州：中山大學出版社，1987。

4. 中山大學東南亞史研究所編《泰國史》，廣州：廣東人民出版社，1987。

5. 段立生著《泰國史散論》，南寧：廣西人民出版社，1993。

6. 謝光著《泰國與東南亞古代史地叢考》，北京：中國華僑出版社，1997。

7. 陳鴻瑜著《泰國史》，臺北：臺灣商務印書館，2014。

8. 申旭著《老撾史》，昆明：雲南大學出版社，1990。

9. 賀聖達著《緬甸史》，北京：人民出版社，1992。

10. 王任叔著《印度尼西亞古代史》上、下冊，北京：中國社會科學出版社，1987。

11. 王任叔著《印度尼西亞近代史》上、下冊，北京：北京大學出版社，1995。

■ 華僑／華人史

1. 陳碧笙著《世界華僑華人簡史》，廈門：廈門大學出版社，1991。

2. 巫樂華主編《華僑史概要》，北京：中國華僑出版社，1994。

3. 余思偉著《中外海上交通與華僑》，廣州：暨南大學出版社，1991。

4. 朱杰勤著《東南亞華僑史》，北京：高等教育出版社，1990。

5. 吳鳳斌主編《東南亞華僑通史》，福州：福建人民出版社，1993。

6. 崔貴強著《新馬華人國家認同的轉向（1945-1959）》，廈門：廈門大學出版社，1989 年。

7. 林遠輝、張應龍著《新加坡馬來西亞華僑史》，廣州：廣東高等教育出版社，1991 年。

8. 林幹著《新加坡華僑華人史話》，廣州：廣東人民出版社，2018。

9. 莊國土、陳華岳等著《菲律賓華人通史》，廈門：廈門大學出版社，2012。

10. 顏清湟著《海外華人史研究》，新加坡：新加坡亞洲研究學會，1992。

11. 王賡武著，張奕善譯《南洋華人簡史》，臺北：水牛出版社，1988。

12. 王賡武著，姚楠譯《東南亞與華人：王賡武教授論文集》，北

京：中國友誼出版公司，1987。

13. 王賡武《中國與海外華人》，香港：商務印書館（香港）有限公司，1994 年。

14. 詹緣端、范若蘭主編《比較視野下的東南亞華人研究》，吉隆坡：華社研究中心、廣州：中山大學東南亞研究所聯合出版，2019。

策劃編輯： 梁偉基

責任編輯： 梁偉基

版式設計： a_kun

封面設計： 陳朗思

書　　名	陳荊和著作導讀：東南亞史與華僑研究	
著　　者	周佳榮	
出　　版	三聯書店（香港）有限公司	
	香港北角英皇道四九九號北角工業大廈二十樓	
香港發行	香港聯合書刊物流有限公司	
	香港新界荃灣德士古道二二〇至二四八號十六樓	
印　　刷	美雅印刷製本有限公司	
	香港九龍觀塘榮業街六號四樓 A 室	
版　　次	二〇二三年十一月香港第一版第一次印刷	
規　　格	大三十二開（140 mm × 210 mm）一七六面	
國際書號	ISBN 978-962-04-5353-3	